W. M. HEALY

MALLORCA

Menorca Ibiza

W. M. HEALY

Mallorca

Menorca Ibiza

Mit Illustrationen

von

JO VON KALCKREUTH

im

Prestel-Verlag

München

Nach dem unveröffentlichten englischen Manuskript
übersetzt von Klaus Budzinski

Photographien von Andreas Ramer,
Ilse Mayer Gehrken und Jo von Kalckreuth

ISBN 3 7913 0282 5
Dr. C. Wolf & Sohn, München

Inhalt

EINFÜHRUNG

Jede Mittelmeerinsel stellt als Variation des großen Themas: ›Europäischer Süden‹ eine eigene Welt für sich dar und unterscheidet sich darum von allen anderen benachbarten Inseln. Jede ist ein Kontinent en miniature und spiegelt im Kleinen wider, was auf dem Festland im Großen schon geschehen ist. Und gerade diese ihr innewohnende Struktur des Kleinen und Intimen ist das Bezaubernde an der Inselwelt des Mittelmeeres. Eine einzige, alleinliegende Bucht birgt alle Schönheiten in sich, ein einsames Hochtal schüttet Wunder über uns aus; eine aus fruchtbaren Tälern herausragende Karstlandschaft schreckt den Menschen gerade durch ihren Kontrast, und ein einzelner, sanft schwingender Höhenzug auf Korfu darf sogar den Namen des Allmächtigen: ›Pantokrator‹ tragen.

Gleichwie alle Mittelmeerinseln ihre eigene Individualität besitzen, so auch die Menschen, die auf ihnen leben; denn all die vielen, immer wieder eingeströmten Völker brachten den Lebensstil, die Kunst, die Fertigkeiten, die Gegenstände und auch die Seele ihrer Festlandkultur mit. Die vom Ursprung her auf Isolierung beruhenden Geschicke der Inseln – immer den großen Völkerzügen und Kriegen nachhinkend – empfingen von jeder neuen Invasion auch neue Impulse. So kam es, daß die Balearen durch die Phönizier, Karthager, Griechen, Römer, Vandalen, Goten, Mauren, Franken, Spanier und Franzosen immer wieder ein neues, wenn auch oft nicht völlig akzeptiertes Gesicht aufgepfropft erhielten. Sie mußten – in jahrhundertelangem Prozeß – von allen ihnen aufgezwungenen Weisen zu sagen und zu singen, zu ackern, zu bauen und zu beten immer einen Teil annehmen; denn sie mußten ja, selbst schon gemischt, auch unter allen diesen immer wieder anders gearteten Lebensformen leben.

So schimmert heute noch auf Ibiza und Mallorca die arabische Rasse in betörend schönen Gestalten junger Mädchen durch; wandelt man auf Mallorca durch Karstgebirge, Trockensteppe oder fruchtbare ›huerta‹, so weiß man manchmal nicht mehr, was denn das eigentliche Mallorca war und ist. Man kann es nicht finden, weil es kein ›eigentliches‹ gibt. Denn, was wir heute sehen und hören, die Sprache, ein variiertes Katalanisch, die Häuser, die Feste, die Küste und Pflanzenwelt, den Ackerbau, Olivenhaine und Rebengärten, das alles gibt es in dieser Art erst seit vierhundert oder auch vierzehnhundert Jahren. Wir wissen jedoch auch von einer Zeit, da kannten die Mallorquiner weder Öl noch Wein, und dichter Wald wuchs im regenspendenden Klima. Was wir Nordeuropäer gerne das ›Südliche‹ an Mallorca nennen, seine Palmen, Früchte, Blüten und seine Fruchtbarkeit, die eine viermalige Ernte schenkt, ist kaum zur Hälfte ein zeitloses und wirkliches Geschenk der Natur; die andere Hälfte ist das Werk von Menschen: der Römer und vor allem der Araber. Spätere Völker werden auch das ihre beigetragen haben, und – so sonderbar es klingt – der seit dreißig Jahren immer mehr anschwellende Fremdenstrom mit seinen Ansprüchen hat Erzeugung und Verbrauch bestimmend verändert. Vor wenigen Jahren aßen die Mallorquiner zum Beispiel nur selten

Butter; wenn man welche kaufen konnte, war sie alt und schlecht, heute ist sie hervorragend und behauptet sich neben dem Olivenöl.

Das wirkliche Gesicht Mallorcas spricht zu uns durch seine Vielfältigkeit; denken wir an die Gärten Alfabias, die Terrassen von Bañalbùfar, die Ölbaumhaine bei Lluch Alcari, die Rebengärten von Binisalem, die Orangenplantagen von Biniaraix, aber auch an die Garriga der Ostküste und die kannelierten Felsen beim Kloster Lluch, so funkelt uns in vielen Strahlungen ein herrlich geschliffener Edelstein entgegen.

Darum sollten wir die Inseln der Balearen und Pityusen – Mallorca und Menorca einerseits, Ibiza und Formentera andererseits – mit dem Respekt und dem Feingefühl betrachten, die sie von ihrer so vielfältig differenzierten Natur und Geschichte her zu erwarten haben. Denn diese Inseln sind alt, uralt und vor Alter manchmal etwas müde geworden. Gefahren, Not und Tod, die die Menschen seit über zweitausend Jahren erleiden mußten, haben sie still und bescheiden gemacht; sie begehren nicht mehr auf und wenn ja, dann sprengen sie aus Verzweiflung alle Schranken, um gleich wieder in friedliche Resignation zurückzufallen. In ihrer Armut sind sie Herren, liebenswürdig und liebenswert. Sinnen wir ein wenig weiter und denken zunächst nur an die Unterschiede zwischen den drei größeren Inseln. Wer mit verbundenen Augen auf eine von ihnen verbracht würde, müßte dennoch beim ersten Blick erkennen, auf welcher er sich befindet, so sehr unterscheiden sich diese drei voneinander durch die Struktur ihrer Hochgebirge, ihres Hügellandes, ihrer Pinienwälder, der Ölhaine und Buchten, durch ihre Wasserarmut, das Klima und den Ackerbau. Und so wie diese untereinander verschieden sind, so unterscheiden sie sich weiterhin von Sizilien, Sardinien,

Korsika und Malta. Auch von diesen Inseln hat jede wiederum ihren eigenen ›Stil‹ und alle zusammen repräsentieren viele kleine Welten für sich. Und dennoch gibt es unter ihnen allen neben ihrem Anderssein den rätselhaften, unterirdisch sie verbindenden Gleichklang: ›Mittelmeerinsel‹ zu sein! Sie besitzen ihrer Natur und Geschichte nach gemeinsam den Status einer ›Insel‹ und gemeinsam den Status der ›Lage im Mittelmeer‹ mit allen Gefährdungen, Auszeichnung und Beglückungen dieser Bestimmung. Sie alle liegen im unaufhörlich umkämpften Kreuzungspunkt der vier großen frühen Mächte und frühen Kulturen der Karthager, Griechen, Römer und Araber; ihre Geschicke wurzeln in den vier Gestalten dieser Völker. Sie haben karthagische Nekropolen, griechische Tempel, römische Brücken, sie haben ihre maurischen Zisternen, Bäder und Terrassengärten und sie alle geben Bodenfunde an Waffen, Münzen oder Keramik aller vier Völker her. Wenn sich auch keine große karthagische Baukunst erhalten hat, so schimmert doch der seelische Niederschlag dieses Volkes – oft verbunden und verwechselt mit dem viel späteren der Araber – immer noch im sizilianischen Volkstum durch. In Westsizilien, wo die Karthager herrschten, sind heute Mafia, Armut und Bedrückung zu Hause; in Ostsizilien dagegen, wo die Griechen ihre schönsten Tempel bauten, wohnen Ordnung, Fruchtbarkeit und Lebensfreude.

So fühlen sich die Bewohner der westlichen Mittelmeerinseln untereinander verwandt, verwandter auf jeden Fall als mit dem sie gerade beherrschenden – und meist abgelehnten – Staat. Die Sizilianer wollen keine Italiener sein, die Mallorquiner keine Spanier, die Korsen weder Franzosen noch Italiener; in Mallorca versteht man Provenzalisch und auch sizilianische

Dialekte, in Nordsardinien spricht man heute noch Catalàn, und ›bon di‹ wie ›bona nit‹ versteht man überall, ebenso wie die Mallorquiner ein rätoromanisches Gedicht lesen und erfassen können.

Es gibt eine Gemeinsamkeit der ›romanità‹, das weiß man gerade in Süddeutschland, aber es gibt daneben ein in der Tiefe der Seele schlummerndes griechisch-römisches und arabisches Kulturbewußtsein. Die Tempel von Agrigent rühren uns ebenso an wie die Alhambra in Granada oder die in höchster Klarheit geformten römischen Caesarenbüsten. Aus dieser Sicht wird uns auch der Wert von Dauer und Bewahrung offenkundig, wenn wir uns erinnern, daß ein bedeutender Prozentsatz der spanischen Wörter aus dem Arabischen stammt und daß die wichtigsten Werke der griechischen Dichtung und Philosophie nur darum auf uns kommen konnten, weil arabische und jüdische Gelehrte sie auch für das Abendland vor Vernichtung gerettet haben. Stärker denn irgendwo lebt auf den westlichen Mittelmeerinseln noch das Bewußtsein von dem vierfachen Erbe der frühen Kulturen der Karthager, Griechen, Römer und Araber. Dieses nie verlorengegangene Bewußtsein ist es, das sie miteinander verbindet.

MALLORCA

[1]

Geschichte der Insel

Steinzeit und Bronzezeit

Von den ältesten uns überlieferten Berichten der Geschichtsschreiber des Mittelmeerraumes an bis in unsere Zeit hinein hat sich die Kenntnis von der Vorgeschichte der Balearen kaum erweitert. Was Diodorus Siculus über die Inseln geschrieben hat, könnte als Motto all dem voranstehen, was auch in den nachfolgenden Jahrhunderten berichtet worden ist. Diodorus schrieb: » . . . daß die Einwohner in Felshöhlen leben und sich an Steilhängen verschanzen. Sie wohnen in unterirdischen Behausungen und sie gehen, bis auf einige Felle, meist nackt. Sonst ist wenig von ihnen bekannt.« Erst nachdem neuere Ausgrabungen durch Radiocarbon-Analysen wichtige Aufschlüsse gebracht haben, zeichnet sich ein genaueres Bild der Urzeit ab. Durch Funde in der mallorquinischen Höhle Muleta konnte man feststellen, daß menschliches Leben dort schon zweitausend Jahre früher existierte, als man bisher angenommen hatte. Diese Spuren reichen bis in das Jahr 4000 v. Chr. zurück. Außer Geräten und menschlichen Skeletten wurden Schädel und Knochen einer seltenen Antilopenart namens Myotragus Balearicus gefunden, die hier wahrscheinlich zur selben Zeit gelebt hat als zum ersten Mal Menschen eine Lebensgemeinschaft auf der Insel gebildet hatten. Diese Antilopenart ist eine ausschließlich mallorquinische und menorquinische Gattung, von der angenommen wurde, daß sie schon in der Eiszeit ausgestorben sei. Heute ist erwiesen, daß dieses Tier bis in fast historische Zeiten hinein gelebt hat.

Diese auf Ergebnissen der Radiocarbonmethode beruhenden Untersuchungen erhellen ziemlich gut die prätalayotische, die talayotische und die posttalayotische Periode der Inselgeschichte bis zu dem nicht genau bestimmbaren Zeitpunkt der maurischen Besiedlung, als die Araber – aus welchen Gründen auch immer – die prähistorischen ›Talayots‹ wieder als Bauten für sich verwendeten. Weitere Höhlenforschungen erbringen ständig neue Beweise vom langen Überleben des Myotragus auf Mallorca und zeigen immer klarer eine feste Verwandtschaft zu den archäologischen Funden aus der frühen Bronzezeit.

Unter Berücksichtigung dieser Einsichten in die Vor- und Frühgeschichte Mallorcas – vortalayotisch, talayotisch und nachtalayotisch – und unter Einbeziehung der für die späteren historischen Epochen gesicherten Erkenntnisse kann folgende Zeittafel für die Balearischen Inseln aufgestellt werden:

4000-2000 v. Chr.	Unbekannte Urbevölkerung, nicht indogermanisch, wahrscheinlich iberischer oder afrikanischer Herkunft.
2200-1500 v. Ch.	Seefahrende Völker, unter ihnen die Sirdana-Sarden, Sakalsa-Sikuler, Tursa-Etrusker, aber auch Illyrer und Phönizier, berühren auf ihren Metallzügen (Zinn, Silber, Eisen) die Balearen auf der Route Sizilien, Sardinien, Balearen, Spanien, Frankreich und England. Aus der megalithischen Kultur ihrer Heimatländer, vor allem Kleinasien, bringen sie die Fertigkeit für zyklopische Bauten allen von ihnen berührten Ländern.

	Großartige Reste finden sich auf Sardinien: die ›Nuraghe‹; auf Menorca: die ›Talayots‹ und ›Taulas‹ und auf Mallorca: die ›Talayots‹.
2000-1000 v. Chr.	Als geniale Seefahrer breiten sich die Phönizier längs der syrischen Küste aus, wenn auch meist unter der Herrschaft eines benachbarten Großvolkes. Sie treiben Handel mit dem ganzen Umkreis der damals bekannten Welt.
850-500 v. Chr.	Kelten dringen über die Pyrenäen in Spanien ein und vermischen sich mit der iberischen Urbevölkerung. Keltiberische Kultur.
um 800 v. Chr.	Die Phönizier gründen Karthago.
800-650 v. Chr.	Die Griechen gründen Städte in Spanien und Sizilien: Messina, Agrigent, Taormina, Syrakus, Ampurias.
600-200 v. Chr.	Die Karthager gründen Handelsniederlassungen in Spanien, auf Sizilien, Sardinien, Mallorca und vor allem Ibiza. Panormus-Palermo.
146 v. Chr.	Ende des 3. Punischen Krieges, Untergang Karthagos.
122 v. Chr.	Der römische Feldherr Quintus Caecilius Metellus vertreibt die Karthager von den Balearen und unterstellt die Inseln römischer Verwaltung.
122 v. Chr. – 400 n. Chr.	Die Römer besetzen neben Spanien auch die Balearen, kolonisieren die Inseln, bauen Städte und Straßen, Festungen und Häfen, fördern Handel und Ackerbau. Die Inseln haben Frieden, ihr kulturelles Leben blüht auf und sie werden nach 200 von Spanien aus christianisiert.
409 n. Chr.	Die Vandalen dringen von Norden her in Spanien ein, ziehen 428 nach dem Verlust Spaniens an die Westgoten nach

	Afrika und gründen in Karthago ein neues Reich. Sie werden zum Schrecken des westlichen Mittelmeers, plündern 455 Rom und erobern die Inseln Sizilien, Sardinien, Korsika und die Balearen.
535 n. Chr.	Der byzantinische Feldherr Belisar erobert und zerstört das Vandalenreich und bringt die Balearen unter byzantinische Oberhoheit.
711 n. Chr.	Einfall der Araber in Spanien; Roderich, der letzte König der Westgoten, wird in der Schlacht bei Jeres de la Frontera von den Mauren besiegt und sein Reich geht an die Araber über.
795-811 n. Chr.	Karl der Große gründet nach erstem Fehlschlag von 778 – Tod Rolands im Tale von Roncevalles – die spanische Mark; sie dient dem Schutz eigener Grenzen wie auch als Auffanggebiet der letzten Westgoten und umfaßt die Länder zwischen den Pyrenäen und dem Ebro.
799 n. Chr.	Die Balearen werden fränkisch, so daß sich die spanische Mark von Palma bis Montpellier erstreckt.
um 800 n. Chr.	Die Mauren erobern von Südspanien aus die Balearen.
um 1200 n. Chr.	Blühende arabische Kultur auf den Balearen: Gärten, Terrassen, Schlösser, Moscheen, Wasserspiele, Tanz und Musik. Fruchtbarkeit und Frieden.
1229 n. Chr.	Der aragonesische König Jaime I. erobert die Insel Mallorca und schaltet die Araber aus.
1230 n. Chr.	Grundsteinlegung der Kathedrale in Palma.
1232 n. Chr.	Jaime I. erobert Menorca.
1235 n. Chr.	Jaime I. erobert Ibiza.

1276 n. Chr.	Durch Teilung Aragons wird Mallorca unter König Jaime II. selbständiges Königreich; die Balearen gehören zu ihm sowie die Grafschaften Roussillon und Montpellier. Königsschlösser in Palma und Perpignan.
1311-1325 n. Chr.	König Sancho von Mallorca.
1349 n. Chr.	König Jaime III. 1325-1349 von Mallorca wird von seinem Vetter, König Pedro IV. von Aragon, vernichtend geschlagen; Mallorca fällt an Aragon. Ende des mallorquinischen Königtums.
1469 n. Chr.	Ferdinand II. von Aragon heiratet Isabella von Kastilien; Spanien wird ein einheitlicher Staat, dem auch die Balearen angehören.
1492 n. Chr.	Vertreibung der letzten Araber aus Spanien.

Die zur Jungsteinzeit und zur Bronzezeit auf Mallorca lebende unbekannte Urbevölkerung selbst muß – von welchen kulturell höher stehenden seefahrenden Völkern auch immer sie bedrängt oder angeleitet wurde – die ›Talayots‹ und ›Taulas‹ gebaut haben. Diese Steintürme, an denen Jahrzehnte gearbeitet worden ist, strahlen durch ihre Gewalt, durch ihr nicht faßbares Alter wie durch ihre fremdartige Schönheit die Unberührbarkeit des Absoluten aus. Ähnliche Bauten finden sich in England und in der Bretagne: die ›Menhire‹ von Stonehenge und die ›Alignements‹ bei Carnac. Sie alle gehen auf das zyklopische Mauerwerk in Syrien, Mykene, Tiryns und Kreta zurück; der gleiche, nicht klar faßbare Geist einer Megalithkultur, der sich im östlichen Mittelmeer offenbart hatte, wird auch die ›Talayots‹ auf den Balearen und die ›Nuraghe‹ in Sardinien geschaffen haben.

Zweck und Sinn dieser balearischen Bauten sind schwer zu enträtseln; sie mögen als Fürstensitz, Kultstätte oder Wachtturm gedient haben oder auch als alles zusammen. Selbst wenn man viele Stunden sinnend mit dem Rücken gegen ihren sonnenwarmen Stein gelehnt sitzt, eröffnen sie ihr Wesen nicht mehr; doch im Schweigen sind sie unvorstellbar gewaltig und auch in der Zerstörung noch vollkommen. Ein Aufenthalt auf Mallorca oder Menorca, ohne die Talayots oder Taulas gesehen zu haben, bedeutet eigentlich nichts. Die meisten von ihnen – es gab viele Hunderte – sind jetzt zerfallen und verbergen ihre Steinhaufen geschickt unter dem schulterhohen Gestrüpp der Garriga; alle hundert Meter glaubt man, einen neuen Talayot entdeckt zu haben. Diese ›Talayotitis‹, denn so haben wir das scherzhaft genannt, kann zu einer wahren Manie werden. Manchmal jedoch wird der Spürsinn belohnt und man findet wirklich einen ›neuen‹ Talayot. Die guterhaltenen, meist an der Südostküste von Mallorca wie an der Südküste von Menorca gelegen, stehen als sechs bis zehn Meter hohe, aus riesigen tonnenschweren Quadern und ohne Mörtel gefügte Türme vor uns; aus der faszinierenden Pflanzengemeinschaft der Trockensteppe ragen sie wie versteinerte fremde graue Tiere hervor. Einige sind eckig, andere sind rund, und man nimmt aus guten Gründen an, daß die eckigen späteren Datums sein müssen.

Alle besitzen einen zumeist verschütteten, aber noch sichtbaren Eingang und haben im geräumigen Inneren – Umfang bis zu dreißig Meter – zwei übereinanderliegende Kammern und einen unterirdischen Geheimgang. In der oberen Kammer, die sich dem Himmel öffnet – die untere ist ebenso wie der Geheimgang heutzutage eingefallen – erhebt sich in der Mitte die gleichfalls aus gewaltigen Quadern gefügte ›Columna central‹ die Mittelsäule; sie wird das schwere hölzerne Dach getragen haben, kann aber auch für Verteidigungszwecke bestimmt gewesen sein. Auch wenn es heute alleinstehende Talayots gibt, die sicher nur Reste einer ehemals größeren Anlage sind, wie ›Sa Canova‹, so scheint es doch meist so gewesen zu sein, daß mindestens vier Talayots eine ausgedehnte Siedlung eingefaßt und beschützt haben. Deutlich erkennt man diese auf Schutz zielende Bauplanung bei den beiden größten und am besten erhaltenen talayotischen Anlagen Mallorcas: ›Capicorp Vey‹ südlich von Campos und ›Ses Paisses‹ nahe bei Artà. Die in Capicorp Vey an die Talayots angebauten, als Umfassungsmauern bis zu einem halben Meter über dem Boden erhaltenen kleinen Häuser – ›Bungalows der Steinzeit‹ – könnten in dieser Form auch aus einer späteren Epoche stammen. Denn es gibt Zeugnisse, daß diese praktisch uneinnehmbaren zyklopischen Bauten noch jahrhundertelang als Behausung gedient haben. So gibt es zum Beispiel einen Friedensvertrag zwischen römischen Legionären und einer nahe Pollensa in Talayots wohnenden Dorfschaft. Lange Zeit war am Rand von Alcudia ein erregendes Bild zu sehen, bevor es durch Straßenbau zerstört wurde: über den Blöcken eines runden Talayots aus ungefügen, schartig gewordenen und handhoch ausgegrabenen Steinen lagen die schön und glatt behauenen dicken Fußbodenplatten eines römischen Palastes. Hier also berührten sich die Zeitalter!

In Mallorca gab es die Talayots in allen Teilen des Landes, im Gebirge wie im Hügel- und Steppenland der Südostküste. Wahrscheinlich hat diese nicht sehr fruchtbare Region der Küste die Bauern der Frühzeit nicht angezogen, so daß die dort liegenden Talayots vor Abtragung und Zerstörung besser und länger geschützt blieben. Bis zum Jahre 1000 v. Chr. blühte die Kultur der in den Talayots wohnenden Mallorquiner infolge der Handelsschiffahrt zwischen dem westlichen und östlichen Mittelmeer. Nach dieser Zeit schrumpfte der Metallhandel in dem Maße ein, wie die Inselbewohner ihr Monopol als Handelsfahrer an die Griechen und Phönizier abtreten mußten.

Zwischen den vielen Funden der Bronzezeit, die die Archäologen auf Mallorca und denjenigen, die sie auf dem Festland gemacht haben, läßt sich ein bedeutender Unterschied in der Qualität feststellen. Das Kunsthandwerk der Inseln war dem des Festlandes entschieden überlegen; auf den Balearen weisen Waffen und Schmuck eine Feinheit der Verarbeitung auf, die bei den spanischen Erzeugnissen nicht vorhanden ist. Die Überreste der Töpferkunst – Scherben von Gebrauchsgeräten – die man parallel zu den Siedlungsschichten der talayotischen Bevölkerung fand, zeigen, daß im Leben wie im Fühlen dieser Menschen der Sinn für Schönheit und Zweckmäßigkeit gleichermaßen vorhanden war. Die Töpferei wurde, ohne Verwendung einer Töpferscheibe, mit der Hand betrieben. Die Farbe des Tons reichte von dunklem Rot bis zu Schwarz. Auf Verzierungen verwendete man keine Mühe, wohl aber auf Anmut und Harmonie der Formen. In der Mitte rund gewölbt, verengten sich die Gefäße nach oben zu. Der Rand entstand durch eine Umkrempelung dieser Einschnürung nach außen. Handgriffe wurden durch eingearbeitete Auswulstungen gewonnen, doch – anders als in anderen Frühkulturen – waren es keine geschlossenen Bögen.

In Menorca – und nur dort – stehen in der Nähe der Talayots eigenartige und meisterhaft gearbeitete Steinbauten, die ›Taulas‹ genannt werden. Sie bestehen aus je zwei glatten und flachen Steinplatten; die größere steht vertikal auf dem Boden, ihre Höhe variiert zwischen sechs und zehn Metern. Parallel zu ihrer Breite schwebt über ihrem oberen Abschluß die kleinere Platte. Sie liegt nicht lose auf, sondern nimmt in einer Aussparung den präzise eingezapften Schaft der unteren Säule in sich auf. So ist ein dauerhaftes, T-förmiges Gebilde entstanden, das an einen hohen Tisch erinnert. Um eine Taula gruppiert sich immer ein Kreis von unregelmäßig behauenen, mannshohen Steinpfeilern, die in Form und Mentalität den Menhiren sehr ähnlich sind. Sinn und Zweck dieser faszinierenden Steinbauten sind noch schwieriger zu deuten als das Wesen der Talayots. Waren die Taulas kultische Opferstätten, fromme Symbole oder astronomische Hilfskonstruktionen? Man weiß es nicht. Ihr Anblick, hoch über der einsamen, baumlosen Landschaft Menorcas, wirkt noch stärker auf den Beschauer als der der Talayots; man denkt an frühes Peru oder Mexiko – vielleicht, daß sich eines Tages die Zusammenhänge aufklären.

Phönizische, griechische und karthagische Handelsleute kamen in größerer Zahl zuerst als schweifende Seefahrer auf die Balearen. Als ihr Handel mit den in den Bergwerken der Iberischen Halbinsel und möglicherweise den in Cornwall gewonnenen Metallen wuchs, errichteten sie Stützpunkte auf den Inseln, doch keine Siedlungen im Sinne einer auf Dauer angelegten Kolonisation. Sie trieben Handel und holten sich, was sie brauchten, aus den Erzeugnissen der einheimischen Inselbevölkerung, deren Marktposition sie usurpiert hatten. Daß die Griechen und Phönizier auf ihren Handelsreisen planmäßig an verschiedenen Buchten und Küstenstrichen anlegten, und dies über mehrere Generationen hin, ist belegt durch Münzen, Bronzen und Keramik, die man in mehreren Teilen der Inseln ausgegraben hat. Was die griechischen Fundstücke angeht, so führt man ihre Herkunft auf die klassischen griechischen Kulturen der kleinasiatischen Städte und ihre späteren Kolonien auf der Iberischen Halbinsel zurück. Dies zeigt deutlich, daß sich der Handel in beiden Richtungen bewegt hat.

Mit dem Bau größerer Schiffe indessen verloren die Inseln ihre Bedeutung. Die Erztransporte und die vom östlichen Mittelmeer zurückkehrenden Schiffe ließen jetzt mehr und mehr die Häfen der Balearen links liegen. Nur auf Ibiza schufen die Karthager einen Ableger ihrer eigenen Zivilisation. Auf dieser Basis siedelten sie auf Ibiza zuerst 654 v. Chr. Sie versuchten dann dasselbe auf Mallorca, wurden aber von den stolzen Bewohnern, die kein Interesse an einer kulturellen Verbindung mit den Karthagern zeigten, immer wieder abgewiesen. Im 5. vorchristlichen Jahrhundert nahmen sie allerdings zeitweilig Verbindung mit Karthagos Handelsmacht auf. Im großen ganzen aber blieb Mallorca ein neutrales Territorium zwischen den karthagischen Einflußgebieten Ibiza, Sardinien, Sizilien und Cádiz und den griechischen, die Nordspanien und Südfrankreich umfaßten. In dieser Periode blühte die Seeräuberei.

Als Karthager und Griechen im 5. vorchristlichen Jahrhundert sich auf Sizilien bekriegten, kämpften mallorquinische Steinschleuderer auf Karthagos Seite, schlugen sich aber später in Afrika auf die Seite der gegen Karthago rebellierenden nordafrikanischen Städte.

Diese Steinschleuderer hatten zu diesem geschichtlichen Zeitpunkt bereits einen furchterregenden Ruf erworben; er mag kurz nach dem Trojanischen Krieg entstanden sein. Damals tauchten in den balearischen Gewässern Fremde auf. Man nimmt an, daß sie durch die Straße von Gibraltar gekommen waren und dann ständig Handels- und Forschungsreisen nach den britischen Inseln und an den europäischen Küsten entlang nach Skandinavien unternommen haben, von wo sie Bernstein mitbrachten, um das uralte Monopol der Kelten auf dieses hochgeschätzte Material zu brechen. Die alten, von den Kelten kontrollierten Handelsrouten liefen am Rhein und an der Donau entlang.

Nach alten Sagen aus dieser Zeit machte Herkules hier Rast, um an den Freuden teilzuhaben, die diese Freistätten am westlichen Ende der großen See des Altertums zu bieten hatten. Ihm zur Seite stand ein Weggenosse namens Baleo. Herkules machte ihm diese Inseln zum Geschenk, und seitdem tragen sie dessen Namen. Von dieser Sage aus ist der Name wohl durch andere Legenden auf die einheimischen Steinschleuderer gekommen. Jedenfalls hießen sie in der klassischen Welt ›Baliarides‹. Diese Fertigkeit, auf die die Bewohner dieser Inseln am stolzesten waren, erlangten sie durch generationenlange Übung in einer Methode des Erlegens von Großwild, das sie mit Nahrung und Fellen versorgte. Diese Methode war auch ein Mittel der Selbstverteidigung sowie des Angriffs auf vermutete Feinde. Die Sage erzählt, daß diese Steinschleuderer ihr Handwerk von frühester Kindheit an erlernten. Man legte ihnen Nahrungsmittel – Fleisch oder Brotstücke – in Baumgabeln, und die Kinder mußten sich ihre Nahrung mit genau gezielten Schüssen aus diesen Schlingen herunterschießen. Konnten sie das nicht, hatten sie eben nichts zu essen. Wenn sie größer wurden, plazierte man die Nahrungsmittel an höheren und schwerer zugänglichen Stellen. Mit zunehmendem Alter bekamen sie so ein messerscharfes Auge und eine totsichere Hand – sofern sie bis dahin noch nicht verhungert waren.

Von der späteren Verwendung dieser insularen Steinewerfer durch die Karthager erzählt folgende Geschichte. Karthagos Streitmacht rekrutierte sich immer in hohem Maße aus Söldnertruppen. Obwohl die Zahl der Steinschleuderer zu keiner Zeit sonderlich groß war, schätzte man doch ihren Wert sehr hoch ein. Man bezahlte sie gut, doch ließen sie sich ihren Lohn nicht, wie die anderen Soldaten der punischen Streitkräfte, in Gold und Silber auszahlen. Die Steinschleuderer der Balearen forderten ihren Lohn in Form von Wein und Frauen. Diese Eigentümlichkeit hat die Legende zum Hintergrund, daß Herkules und sein Gefährte, als sie die Insel besuchten, alle goldenen und silbernen Gegenstände, die sie finden konnten, mitnahmen. Bevor sie gingen, hatten sie von Wein und Frauen, soweit verfügbar, zwar reichlich Gebrauch gemacht, doch ließen sie die Frauen da und der Wein wuchs schließlich nach. Also beschlossen die weisen Männer der einheimischen Bevölkerung, daß Gold und Silber für sie hinfort keine Werte mehr darstellen sollten. Die Verwendung von Gold- und Silbermünzen als Wertgegenstände oder Zahlungsmittel wurde verboten. Wein und Frauen hatten sich viel besser bewährt: beides konnte man in Zeiten der Gefahr in den zahlreichen Höhlen verstecken – und war sie vorüber, waren sie viel nützlicher und angenehmer als kaltes Metall.

Fast so hoch wie ihre Schleuderfertigkeit schätzten die Karthager den Wein, den die adleräugigen Schleudermänner bauten, und zu ihrer Zeit machten sich auch die Römer die größte der Balearen-Inseln wegen eben dieser wichtigen Dinge tributpflichtig: wegen der hohen Kampffähigkeit ihrer Menschen und wegen der Qualität ihres Rotweins. Plinius hielt diese Tatsache für berichtenswert und schrieb, der Wein hielte jeden Vergleich mit dem besten von Italien aus.

Nach der endgültigen Niederlage Karthagos bauten die Römer eine systematische und für sie typische, tadellos funktionierende Verwaltung auf der Iberischen Halbinsel auf. Doch vermied Rom, die Balearen diesem Verwaltungsbezirk einzuverleiben. Sie wurden vielmehr zum Ausgangspunkt regelrechter Piratenzüge gegen den römischen Seehandel. Nach dem Fall von Karthago wurde zwischen Rom und dem Volk von Mallorca zwar ein Vertrag geschlossen, von den Mallorquinern aber niemals wirklich eingehalten. Nachdem man jahrzehntelang die von den Inseln, vornehmlich von Mallorca, ausgehenden Provokationen ignoriert hatte, kündigte schließlich der Senat von Rom einen Feldzug gegen die Inseln an. Eine Kriegsflotte wurde ausgerüstet und nach Mallorca entsandt. Sie drang 123 v. Chr. in die Bucht von Alcudia ein. Quintus Caecilius Metellus, der Befehlshaber der römischen Invasionstruppen, erhielt vom römischen Senat den Beinamen ›Balearicus‹ verliehen. Er gründete Pollentia – heute Alcudia – als Hauptstadt der neuen Provinz und bestimmte, daß ihre Entwicklung planmäßig voranzutreiben sei. Typische Römerbauten von der Art, wie sie die Außenposten des Imperiums kennzeichneten, entstanden – Marktplätze, Tempel und Theater. Auch die ersten der vielen die Insel schmückenden Luxusvillen wurden damals gebaut.

Nachdem die Römer die Insel unterworfen hatten, wurden an die dreitausend Kolonisten römischen Blutes vom Mutterland herübergeschafft und in großer Zahl in den Städten Pollentia und Palma angesiedelt. Mit der Zeit nahm die Bevölkerung weiter stark zu, als abgedankte Soldaten des Imperiums und andere Siedler kamen, welche man, um der Übervölkerung

Roms zu steuern, hergeschickt hatte. Die Mehrzahl der Ureinwohner wurde aus ihren alten Wohnsitzen ausgesiedelt und gezwungen, in neuen, von den Römern zur besseren Verwaltung der Inseln geschaffenen Städten zu leben. In geringerem Umfange wandte man das gleiche Verfahren auf den beiden anderen Inseln, Menorca und Ibiza, an. Das zivile Leben der Ureinwohner in diesen Städten wurde weitgehend romanisiert und ein großer Teil des Ackerlandes zu großen Gütern umgewandelt, auf denen man Korn anbaute.

Laut Diodorus hatten die Balearen im ersten nachchristlichen Jahrhundert etwa dreißigtausend Bewohner. Es ist möglich, daß sie den christlichen Glauben annahmen, als er sich gegen Ende des 2. nachchristlichen Jahrhunderts über die Iberische Halbinsel auszubreiten begann. Mit Sicherheit war er im 4. Jahrhundert auf Mallorca fest verankert. Das bezeugen aufgefundene Überreste von Basiliken dieses und des darauffolgenden Jahrhunderts.

Die vielen Bürgerkriege, die im ganzen Römischen Reich ausbrachen, fanden auch auf den Balearen Widerhall. Von Zeit zu Zeit gärte es immer wieder in der Bevölkerung. Doch im allgemeinen entwickelten sich die Inseln gedeihlich. Die Römer pflanzten auf ihren Gütern Olivenbäume, die ersten, die es auf Mallorca und Menorca gab. Auf Mallorca erschlossen sie die reichlich vorhandenen Tonvorkommen der mittleren Regionen und begründeten eine blühende Töpferei-Industrie. Schwerbeladen verkehrten römische Galeeren, mit Rahsegeln bestückt und von Sklaven gerudert, zwischen den Inseln und den Häfen Roms. Sie transportierten Weizen, Wein und, versiegelt in riesigen Tonkrügen, Olivenöl. Auch Gebrauchsgegenstände gingen aus der Inselproduktion nach Rom: Töpferwaren und irdene Öllampen.

Diese Epoche geregelter Existenz brach für Mallorca und die andern Inseln jäh ab, als die Vandalen kamen. Im Jahre 465 eroberte Geiserich die Balearen und plünderte sie. Ihm folgte auf dem Thron sein Sohn Hunerich, der mit der Tochter Kaiser Valentinians III., Eudoxia, verheiratet war. Unter seiner Herrschaft wurden die Christen heftig verfolgt, doch später durfte die Kirche, weil man sie doch nicht gefügig machen konnte, weiterwirken und dem Glauben dienen. Die Vandalenherrschaft über die Inseln endete, als ihr König Gelimer, der sie von 530 bis 534 beherrscht hatte, von dem byzantinischen Feldherrn Belisar besiegt wurde.

Kaiser Justinian führte überall auf den Inseln die Gesetze und Verfügungen des alten Römischen Reiches wieder ein und verschmolz sie mit der Provinz Sardinien. Die Kontrolle dieses Teils des Mittelmeers blieb jedoch nicht lange in den Händen von Byzanz. Von Afrika her tauchte eine neue Macht auf. Von 647 an kamen viele Christen auf der Flucht vor den vorrükkenden Mauren von Nordafrika aus auf die Balearen. Weitere kamen 697, als Karthago an die Araber fiel. In dem Bemühen, den restlichen Teil des byzantinischen Reiches im westlichen Mittelmeer zu verstärken, vereinigte Kaiser Justinian die Inseln mit der Verwaltung seiner Städte auf der Halbinsel und der unter seiner Herrschaft verbliebenen Stadt Ceuta in Afrika. Als die Macht von Byzanz dahinschwand, lokkerten sich auch die Bande zu den Inseln zusehends, und zum Beginn des 8. Jahrhunderts waren die Balearen nach außen hin unabhängige Einheiten. Auf Mallorca und Menorca regierten selbsternannte Könige, die in der Theorie zwar Vizekönige des oströmischen Kaisers, ihm in Wirklichkeit aber nur dem Namen nach botmäßig waren.

Ihren ersten Überfall auf die Inseln machten die Mauren im Jahre 707. Sie standen unter dem Befehl von Abdulla, der, ein Sohn von Musa, von seinem Vater an der Spitze eines Geschwaders ausgesandt war, den Westteil des Mittelmeers von christlichen Schiffen zu säubern. Nachdem er Mallorca wie auch Menorca verwüstet und geplündert hatte, zog er sich unter Mitnahme der Beute und einer großen Zahl von Sklaven wieder zurück.

Die Inseln blieben nun weiterhin mehr oder weniger unabhängig und wurden immer wieder von maurischen Piraten heimgesucht. Diese Invasionen steigerten sich bis zum Jahre 798 so sehr, daß die Inseln bei Karl dem Großen um Schutz nachsuchten. Dieser sandte daraufhin im Jahre 799 Hilfstruppen, um weitere arabische Einfälle abzuwehren.

Im Jahre 813 traf der Conde Armengol de Ampurias, der sich mit seinen Kriegsschiffen in den Gewässern um Mallorca aufhielt, auf eine Flotte arabischer Schiffe, die sich auf dem Heimweg von einer Plünderung Korsikas befand. Die Spanier gingen siegreich aus dem Treffen hervor. Die Balearen konnten weiterhin unabhängig bleiben. 848 schlossen sie mit den Mauren einen Vertrag, nach welchem sie deren Schiffe respektieren würden. Noch im selben Jahr allerdings verletzten balearische Schiffe diesen Vertrag. Zur Vergeltung entsandte Abderramán II. eine Flotte von dreihundert Schiffen gegen die Inseln. Plünderungen und beträchtliche Verheerungen zwangen die Inselbewohner, beim Emir um Gnade zu bitten und die Einhaltung des Vertrages für die Zukunft zu versprechen.

Die endgültige Eroberung und Besetzung der Balearen durch die Mauren geschah nicht als Ergebnis eines

wohldurchdachten Plans, sondern eher aus Zufall. Ein spanischer Moslem, Isam el Jaulani, rüstete im Jahre 902 auf eigene Kosten ein Schiff aus mit dem Ziel, heilige islamische Stätten, darunter Mekka, aufzusuchen. Ein plötzlich aufkommender Sturm zwang ihn, in einem Hafen von Mallorca Schutz zu suchen. Die Zeit, die er auf besseres Wetter warten mußte, nutzte er zu Nachforschungen über den Verteidigungsstand der Insel. Als er schließlich nach Spanien zurückkehrte, schilderte er dem Emir Abd-Allah die Insel in glühenden Farben. Der Emir war von diesem Bericht aus dem Munde eines ihm werten und ergebenen Untertanen dermaßen beeindruckt, daß er sofort eine Expedition zur Einnahme der Insel auf die Beine stellte. Den Oberbefehl übertrug er auf Isam el Jaulani.

Die Inselbewohner leisteten heftigen Widerstand. Erst nach langen und schweren Kämpfen konnten sie schließlich unterworfen werden. Die Mauren mußten eine Festung nach der anderen belagern und stürmen. Nach ihrem Endsieg wurde El Jaulani 902 oder 903 zum Inselgouverneur ernannt. Er blieb zehn Jahre lang an der Spitze der Regierung. Während dieser Zeit befaßte er sich mit der Wiederherstellung der Städte und öffentlichen Gebäude, die durch Vandalen und Normannen und auch von den vielen maurischen Piratenüberfällen her beschädigt oder zerstört waren. Darüber hinaus baute er Moscheen, Wohnhäuser, Unterkünfte und öffentliche Bäder. Zur Zeit seines Todes im Jahre 913 hatte die maurische Kultur von den meisten Inselbewohnern Besitz ergriffen. Sie selber ernannten zum Nachfolger ihres Gouverneurs dessen Sohn Abd-Allah, einen Namensvetter des Emirs. Der Emir von Córdova stimmte der Ernennung zu, und Abd-Allah regierte die Insel bis 947. Sein Nachfolger,

I JO VON KALCKREUTH

Strand bei Palma

Gemälde

Im Besitz des Künstlers

Al-Mowaffak, der bis 967 regierte, rüstete viele Geschwader Kriegsschiffe aus, mit denen er unaufhörlich die Christen bedrängte. Ja, er machte sogar Einfälle an den Küsten Kataloniens und Frankreichs.

Der nächste vom Emir ernannte Beherrscher Mallorcas war ein von ihm freigelassener Sklave namens Caustir. Unter seiner Regentschaft kämpften Truppen der mallorquinischen Araber Seite an Seite mit denen von Tortosa, Lérida und anderen bei der Belagerung von Barcelona. Die Stadt fiel am 6. Juli 986. Die Sieger brachten zahlreiche Gefangene, darunter die Äbtissin Madruina vom Kloster San Pedro de las Puellas und viele andere Nonnen, nach Mallorca mit.

Im Jahre 999 folgte dem Caustir ein gewisser Mucatil als Herrscher Mallorcas. Auch er unternahm zahllose Angriffe auf christliche Territorien. Nach seinem Tode 1013 ging die Kontrolle der Balearen vom Emir von Córdova auf den separatistischen Emir von Denia über. Diese Periode währte bis 1075.

Von 1075 bis 1093 und von 1093 bis 1114 wurden die Balearen von selbständigen Emiren regiert. Um diese Zeit herrschte in einigen italienischen Stadtstaaten starke Erregung über die Plünderungen maurischer, hauptsächlich von Mallorca aus operierender Piraten. Mit Unterstützung des Papstes wurde eine Strafexpedition durchgeführt. Daran war in erster Linie die Stadt Pisa beteiligt. Am 6. August 1114 stach vom Hafen von Pisa aus eine Flotte von dreihundert Schiffen in See. Zu ihr stießen später noch fünfhundert Schiffe der Flotten von Barcelona, Ampurias, Montpellier und Navona. Ibiza wurde erobert und verwüstet. Dann drang die Flotte weiter auf Mallorca vor. Die Stadt Palma und das umliegende Land wurden genommen und geplündert, die Verwandten des Emirs von Mallorca gefangengenommen und nach Pisa gebracht. Dort traten sie zum christlichen Glauben über und nahmen den Namen Lamberto an. Nach einiger Zeit zogen sich die vereinigten Invasionstruppen zurück, und die Mauren errichteten von neuem ihre Herrschaft über die Inseln.

Die neuen maurischen Herrscher waren indessen Parteigänger der Almoravides, die die Inseln von 1116 bis 1203 in Besitz hielten. Sie wiederum wurden abgelöst von Mitgliedern der Faktion der Almohades, die Mallorca bis zur Invasion durch König Jaime (Jacob) von Aragon im Jahre 1229 regierten.

In diesen Jahrzehnten litt die Herrschaft der Mauren in Südspanien unter fortwährenden Erschütterungen durch innere Fehden zwischen den arabischen Führern und ihren rebellierenden Untertanen. Zwar fanden diese Unruhen ihr Echo auch auf Mallorca und den anderen Inseln, doch blieben sie auf Grund der geographischen Lage isoliert.

Die maurische Kultur, besonders ihre Literatur, gelangte auf Mallorca zu großer Blüte. Ununterbrochen entstanden neue Bücher mit Erzählungen, Gedichten und geschichtlichen Abhandlungen, ebenso Biographien berühmter Rechtsgelehrter, Theologen, Dichter, Grammatiker und Rhetoren. Die Landwirtschaft machte stetig Fortschritte. Infolge des von den Mauren planmäßig angelegten und unterhaltenen Bewässerungssystems lieferten weite Inselgebiete, die bis dahin brachlagen, neue Erträge. Handwerk und Industrie florierten. Den Löwenanteil des Kunsthandwerks stellten Töpferei, Ziegelbrennerei und Metallarbeiten. Von 1015 an bis hin zur Besetzung durch König Jaime prägten die Herrscher eigene Münzen für den Innen- und den Außenhandel selbst, Münzen der ›Medinah Mayurka‹ – arabisch für ›Stadt Mallorca‹. Zu ihren Hauptbeschäftigungen gehörten Seetransporte und, was als gleichrangig angesehen wurde, Seeräuberei.

Mallorca galt zu jener Zeit als Ort, wo maurische Gesittung und Lebensform den höchsten und schönsten Grad der Verfeinerung erreicht hatten. Die Insel war für das Spanien der arabischen Epoche das, was für das Rom der Kaiserzeit Sizilien und Pompeji gewesen waren – ein Ort raffiniertester Vergnügungen und erlesenster Genüsse. In der hochzivilisierten Stadt Palma erschuf man großräumige kühle Paläste, luxuriöse Bäder, von Säulengängen umsäumte palmenbestandene Innenhöfe. Für ihre Schönheit wurde die Stadt berühmt. Draußen auf dem Lande entstanden anmutige Landhäuser. Um sie herum wurden arabische Gärten in geometrischen Formen angelegt, mit flinken Bächen, sprudelnden Fontänen und spiegelnden Teichen ausgestattet. Musik durchdrang das Leben auf den Inseln, und so ist es bis auf den heutigen Tag geblieben. Mehr als alles andere hat diese Seite maurischen Lebens die Zeiten überdauert. Aus den schmerzlich-wehmütigen Liedern, die die Bauern und Fischer der Inseln singen, klingen die klagenden Melodien der Mauren heraus. Die Araber wiederum hatten diese herzbewegenden Klänge aus einer Musik übernommen, die ihnen von Indien über die Nomaden der weiten Ebenen des Nahen Ostens überkommen war.

Um das Jahr 1200 schrieb Asch-Schakandi, ein maurischer Dichter: »Die Insel Mallorca ist eines der fruchtbarsten und kultiviertesten Länder, die Gott gemacht hat. Sie bietet Reichtümer aller Art im Überfluß, und selbst wenn ein Mißgeschick sie von jeglicher Verbindung mit anderen Ländern abschneiden würde, sie würde dennoch alle Güter hervorbringen, die das Leben ihrer Bewohner angenehm machen.

Außer vielen anderen Vorzügen besitzt sie eine herrlich schöne Hauptstadt, ansehnlich bevölkerte Städte, weite Landstriche, wertvolle Ländereien und mehr Wasser, als die Bewässerung der Felder erfordert. Und schließlich hat sie viele hervorragende ›Ulemas‹ – Gelehrte – und großartige Krieger hervorgebracht, die ihr Land tapfer gegen die Angriffe der sie von allen Seiten umgebenden Christen verteidigt haben.«

Ein anderer maurischer Dichter, Ibnu-l-Labbénah, schrieb: »Es ist die Stadt, der die Ringeltaube die in allen Schattierungen des Spektrums glänzenden Farben ihres Halses und der Pfau sein buntschillerndes Gefieder geliehen hat.«

Von Menorca schrieb ein maurischer Schriftsteller, die Insel sei »sehr klein, aber sehr fruchtbar und biete Obst und Getreide aller Art die Fülle, namentlich Weintrauben«. Weiter schrieb er, »daß das Fleisch auf der Insel besonders gut und wohlschmeckend sei und besser als irgendwo sonst. Und zwar derart, daß Rindfleisch, wenn es gebraten wird, schmilzt wie Fett und dann zu Öl wird«.

Von Ibiza berichtet eine maurische Chronik: »Es beliefert einen großen Teil Afrikas mit Holz und Salz. Die Insel ist volkreich, und die Menschen sind sehr fleißig. Das Land bringt alle Arten Obst und Getreide hervor, nur Schafe gedeihen dort nicht. Unter den Gütern, die die Bewohner züchten und auf die Nachbarinsel Mallorca exportieren, sind Rosinen, Mandeln und Feigen. Olivenbäume wachsen auf der Insel nicht.«

In der ganzen Zeit der maurischen Beherrschung der Balearen gab es in der Theorie Religionsfreiheit, doch hatte die christliche Kirche oft unter herben Bedrükkungen und Beschränkungen zu leiden. Das Recht, Konzile einzuberufen sowie Bischöfe zu ernennen oder abzusetzen, lag in der Hand der arabischen Herrscher.

Weigerte sich ein Bischof, an einem dieser Konzile teilzunehmen, dann bestimmten die Emire, daß an seine Stelle ein Jude oder ein Muselman zu treten habe. Kirchenämter wurden an den Meistbietenden vergeben. Wenn man für irgendetwas Geld brauchte, preßte man aus den Christen Steuern bis zur Unerträglichkeit heraus.

Der letzte Emir von Mallorca, Abú Yahya, der die Insel in den ersten drei Jahrzehnten des 13. Jahrhunderts regierte, brauchte einmal Bauholz von Ibiza. Er entsandte, um es zu holen, Schiffe unter dem Begleitschutz von Kriegsgaleeren. Als der christliche Gouverneur von Tortosa vom Auslaufen dieser Flotte aus Mallorca erfuhr, schickte er eine Flotte, um sie zu kapern. Über diesen Handstreich geriet der Emir so in Wut, daß er zum Kriege gegen den Gouverneur rüstete. Gegen Ende des Jahres 1226 erfuhr er, daß ein Schiff von Barcelona zusammen mit einem von Tortosa vor der Küste von Ibiza gesichtet worden sei. Er entsandte seinen Sohn mit bewaffneten Galeeren, um die Schiffe zu kapern. Dies gelang. Obendrein fiel ein Schiff von Genua, das im Hafen von Ibiza lag, in seine Hände. Der Emir kam sich nun allmählich wie ein Eroberer vor und schickte sich zu weiteren Angriffstaten an. In Barcelona jedoch empfand man diese Episode endgültig als Provokation. Die Bevölkerung war so empört darüber, daß sie nachhaltig bei ihrem König Jaime dagegen protestierte. Das genügte, um die Invasion Mallorcas auszulösen.

Dieser Mann, der dazu ausersehen war, den Gang der Dinge auf den Inseln Mallorca und Menorca und in geringerem Ausmaße auch das Dasein auf Ibiza und Formentera umzuwandeln, war am 8. Februar 1208 geboren worden. Er war der Sohn König Pedros II. von Aragon und der Erbin von Montpellier.

Dieser junge Prinz Jaime war als Kind nach Carcassonne gebracht und dort dem Simon de Montfort zur Erziehung übergeben worden. Als Jaimes Vater in einer Schlacht gegen Montfort fiel, hielt man den jungen Prinzen als eine Art Geisel zurück. Auf die energische Intervention des damals in Avignon lebenden Papstes hin durfte Jaime schließlich in sein Königreich Aragon heimkehren. Als zwanzigjähriger König empfand er es als seine christliche Pflicht, zur Eroberung Mallorcas und der übrigen Balearen auszuziehen. Wohlweislich verbargen seine alten und erfahrenen Höflinge ihre wahren habsüchtigen Motive und betonten, ein solcher Heiliger Krieg gehöre zu seinen Pflichten als König von Aragon.

Der junge König war tiefreligiös, ein Idealist und ein ernster und aufrechter Gelehrter. Zur Unterstützung des Arguments, es handele sich um einen Glaubenskrieg, meldete sich der Bischof von Barcelona persönlich zu den Waffen und brachte eine Kompanie von hundertdreißig Rittern, eine Truppe von tausend von ihm rekrutierten Fußsoldaten und ein wohlausgerüstetes Kriegsschiff mit. Um diese Geste zu dramatischer Wirksamkeit zu steigern, leistete er auf den Stufen des Altars in der Kathedrale einen heiligen Eid, nicht eher zurückzukehren, als bis die Inseln, die so lange in den Händen der Ungläubigen gewesen seien, der Christenheit zurückgegeben sein würden. Der Erzbischof von Tarragona, der ihm an Eifer nicht nachstehen wollte, ließ sich als zweiter herbei, auf eigene Kosten einhundert Chevaliers und tausend Fußsoldaten aufzustellen. Und nun erboten sich reiche Kaufleute, voll Eifer bedacht auf die Gunst des Hofes, Streitkräfte, Proviant und Steinschleuder-Kanonen für die Belagerung der Mauern Palmas zu beschaffen.

Auf diese Weise kam schließlich eine Flotte von hundertdreiundvierzig Kriegs- und Versorgungsschiffen mit der erforderlichen Besatzung, Pferden und Vorräten zustande. Sie setzte bei sanfter Brise in der Nacht des 1. September 1229 Segel und stach in See. Bald peitschte ein schnell aufkommender Sturm die anfangs ruhigen Gewässer. Die Chefnavigatoren der Flotte rieten dem jungen König, doch lieber in den Hafen von Barcelona zurückzukehren. Doch der König wollte davon nichts wissen. In der Überzeugung, daß Gott dem Unternehmen wohlgesonnen sei, befahl er, sein eigenes Schiff solle sich an die Spitze seiner Flotte setzen. Bei Sonnenuntergang lief er den Hafen von Pollensa an und ließ die Segel reffen.

Eine schwere Brandung rollte durch die Bucht und überflutete den Strand. Eine Landung mittels kleiner Boote wäre unmöglich gewesen. Nach lebhaften Debatten kam man überein, die Schiffe wieder in die offene See stechen zu lassen und einen günstigeren Landeplatz auszumachen. Auf ihrem Weg an der Ost- und Südküste entlang passierte die Flotille dann den Hafen von Palma, der aber zu stark befestigt war, und entdeckte endlich den weißen Strand und die ruhigen Gewässer der Bucht von Santa Ponsa, woraufhin der Flottenadmiral hier zu ankern befahl.

Die kleinen Landungsboote wurden fertiggemacht und beladen. Mit offenen Bannern nahmen sie Kurs auf das Ufer. Als erster kämpfte sich ein ehrgeiziger junger Soldat namens Riudemeya durch die sanft dahinrollende Brandung, in der Hand die Standarte des Königs, die er dramatisch in den Boden rammte. Ein Steinkreuz bezeichnet noch heute die Stelle. Im Gefühl der Dankbarkeit verlieh der König ihm unverzüglich und gnadenvoll die Ländereien rund um die Bucht von Santa Ponsa.

Dann gingen die Ritter an Land. Ihre Pferde wurden entladen, und frohgemut ritten sie die Küstenstraße entlang auf Palma zu. Bald darauf trafen sie auf einen Trupp Mauren, die die Bewegungen ihrer Schiffe verfolgt hatten. Der Krieg um die ›Reconquista‹ hatte begonnen.

Der junge König führte, gleich Julius Cäsar, ein Tagebuch. Es wurde erstmals im Jahre 1474 in Valencia veröffentlicht. In ihm kann man anhand der täglichen Eintragungen alle Einzelheiten der Eroberung nachlesen.

Nach dem ersten Treffen sammelten sich die den Mauren zur Verfügung stehenden Streitkräfte zur Verteidigung vor den Mauern von Palma. Die Invasionstruppen stießen gegen sie vor, und in verhältnismäßig kurzer Zeit konnten die Spanier die Verteidiger in die Flucht schlagen. Der Emir floh in die Berge. Nach einiger Zeit gelang es ihm zurückzukehren und in die belagerte und dem Hungertode preisgegebene Stadt zu schlüpfen. Schon bald gingen die innerhalb der Stadtmauern angehäuften Lebensmittel zu Ende. Das Wasser in den Zisternen schwand dahin. Jetzt wurde dem Emir klar, daß er um Frieden nachsuchen oder wenigstens versuchen mußte, erträgliche Bedingungen zu erreichen. Er ließ den Belagerern ein Angebot zukommen, wonach er Stadt und Insel räumen und alle seine Anhänger, die mit ihm ziehen wollten, nach Afrika mitnehmen würde.

Die Ratgeber des Königs aber wirkten auf ihn ein, er solle das Angebot des Emirs abschlagen, und der Kampf um die Stadt entbrannte mit erneuter Heftigkeit. Das Wissen, daß die Belagerten reif für die Übergabe waren, gab den Spaniern frischen Mut.

Am letzten Tag des Dezembers vermochten die Belagerer in die äußeren Mauern an einer Stelle, die jetzt ›Puerta Pintada‹ heißt, eine entscheidende Bresche zu schlagen. Drinnen harrte, nahe der Stelle, wo König Jaimes Mannen in die Mauern eindrangen, der Emir, umgeben von seinen treuesten Vasallen. Er saß in voller Kriegsrüstung auf einem kraftstrotzenden Schimmel. Die Attacken der heranbrandenden Spanier zwangen die Mauren zum Rückzug. Über Berge von Gefallenen und Sterbenden hinweg sprengten immer neue Eindringlinge heran. Für kurze Zeit fand der Emir Schutz in einer nahen Moschee, an der Stelle, wo jetzt die Kirche San Miguel steht.

König Jaime und seine persönliche Gefolgschaft begaben sich unverzüglich zum Schloß Almudaina. Sie konnten es ohne große Anstrengung nehmen. Nach etwa einer Stunde wurde der Emir dorthin gebracht und dem König vorgeführt. Anders, als zu erwarten war, kniete er nicht vor seinem Überwinder nieder, sondern beugte nur den Kopf und sagte: »Allah hat es so gewollt.«

Der junge König war tief bewegt. Er behandelte den Emir mit ausgesuchter Höflichkeit. Während seines Aufenthalts im Schloß Almudaina lebte der Emir dort wie ein Ehrengast. Später adoptierte König Jaime einen damals vierzehnjährigen Lieblingssohn des Emirs und schickte ihn zur Erziehung nach Spanien. Zur gegebenen Zeit nahm der junge Maurenprinz den christlichen Glauben an und erhielt vom König ein großes Besitztum in Aragon verliehen. Dann heiratete er eine vielbegehrte Schöne namens Eva de Roldan und durfte den Titel eines Barons de Hillueca y Gotor tragen.

Nach der Unterwerfung des Emirs wurde die Stadt Palma den Rittern, Soldaten und Seeleuten für acht Tage zur Plünderung freigegeben. Der König verweilte unterdessen im Gebet und im Gespräch mit seinen geistlichen Ratgebern in den Räumen des Schlosses Almudaina, das er übernommen hatte.

Nach dem Fall der Stadt und nach Ablauf der für die Plünderung durch die Truppen genehmigten Frist richtete der König seine Anstrengungen auf die Einnahme der übrigen Insel. Dabei kam ihm die eilfertige Kapitulation des arabischen Gouverneurs der Provinzen Pollensa und Inca zu Hilfe. Dieser Maure, mit Namen Benahabet, lebte in großem Luxus auf einem Landsitz bei Alfabia. Er hatte schnell begriffen, daß das Machtpotential der spanischen Invasionstruppen überwältigend war und machte sich deshalb nichts darüber vor, daß seine eigenen Interessen und künftigen Belohnungen von einer Parteinahme für die neue christliche Gewalt abhingen. Er war Kommandant der stattlichen Festung bei Alaró. Der Umstand, daß er dort keinen Widerstand leistete, erleichterte den Spaniern die Unterwerfung des Mittelteils der Insel erheblich. Große Massen von Mauren hatten sich in dieser Gegend gesammelt, um den Eindringlingen die Stirn zu bieten.

Den letzten Widerstand leisteten die Mauren in den umfangreichen Höhlen von Artá und Drach. Dort angelangt, errichteten der König und seine Truppen ein Lager auf einem hohen Felsenriff hoch über der Höhle von Artá. Unten an der steil abfallenden Felswand lag, etwa dreißig Meter über dem Meeresspiegel, der einzige Eingang zu der Höhle. Vor diesem Eingang bildete der Fels eine Art Plateau. Darauf hatten die Mauren Hütten aus Schilf und Stroh errichtet. In den riesigen Schächten der weitläufigen und geräumigen Höhle hatten sie große Mengen von Lebensmitteln und ihren wertvollsten Besitz gestapelt.

Neun Tage lang harrte König Jaimes Heer in seinem Lager aus. Tagsüber zogen die Soldaten meistens über das umliegende Land her und requirierten Korn und Fleisch aus bald sich erschöpfenden Beständen. Denn die Mauren hatten nach ihrem Rückzug in die große Höhle nur wenig hinterlassen. Alles, was sie übrig ließen, hatten die beutegierigen und heißhungrigen Soldaten bald aufgegessen.

Der nagende Hunger ließ in den Köpfen zweier Ritter des Königs einen grausamen Plan aufkommen. Grundgedanke war die Tatsache, daß der Wind jeden Tag fast die Ausmaße eines Sturms annahm, und daß er von der Seeseite her kam. Sie rechneten sich aus, daß sie, wenn es gelänge, sich am Steilhang des Riffs mit brennenden Fackeln herabzulassen, an das Hüttengewirr auf der Felsplatte vor dem Höhleneingang Feuer legen könnten. Der scharfe Wind würde dann das übrige besorgen.

Der König begrüßte diesen Einfall mit Freude. Er ließ die beiden Ritter fest an Schiffstaue binden und mit brennenden Fackeln langsam bis in Reichweite der Strohhütten herablassen. Diese fingen sofort Feuer, und im Nu hatte der Wind eine wütende Feuersbrunst angefacht. Dichte Rauchwolken wälzten sich durch den Eingang in die Höhle. Da es keinen zweiten Ausgang gab und den eingeschlossenen Mauren keine Zeit zur Flucht in die weiter unten am Riff gelegene Schlucht blieb, stürzten sich diejenigen, die nicht sofort erstickten, hinab ins Meer. Nach den zu ihnen gedrungenen Berichten von der Plünderung Palmas mußte ihnen das ein besseres Los erscheinen als die Gefangennahme durch König Jaimes Truppen.

Die in anderen Höhlen entlang der Küste zusammengepferchten Mauren bekamen rasch von dem Schicksal Kunde, das ihre Landsleute, die in der großen Höhle von Artá Zuflucht gesucht hatten, betroffen hatte. Aus Angst vor ähnlichem Untergang lieferten sie sich und ihre geflissentlich zusammengerafften Schätze – Geld, Gold und Juwelen – dem Feinde aus. Damit hatte König Jaime die Insel praktisch vollständig erobert.

In seinem Tagebuch schreibt der König bei der Aufzählung der zur Erstürmung der Höhle von Artá führenden Einzelheiten, zwischen den Pfählen seines Zelts, das in all seiner Pracht über dem Höhleneingang stand, hätte ein Vogel sein Nest gebaut. Um den Vogel nicht beim Brüten zu stören, hätte er Befehl gegeben, das Zelt beim Abzug dort zu belassen, auf daß das Nest keinen Schaden litte.

Wieder war es eine Kriegslist, mit der der König die Insel Menorca gewann. Bei klarem Wetter ist diese Insel von der mallorquinischen Küste aus undeutlich zu erkennen. Die Einwohner von Menorca waren denen von Mallorca sowohl an Zahl wie an Scharfsinn weit unterlegen. Der König entsandte drei Schiffe mit einer Gruppe von Rittern und einem gescheiten jungen Priester namens Ramón Serra zu der Insel. Ihre Aufgabe war es, den Emir von Menorca zur Unterwerfung unter ihren Herrn zu überreden. Zur Erwägung dieses Vorschlags ließ man ihm und seinen Beratern drei Tage Bedenkzeit. Die Schiffe blieben derweil im Hafen von Menorca liegen, doch kehrten die drei Ritter in einem kleinen Boot nach Mallorca zu ihrem König zurück. Dann zogen sie alle zusammen mit einer kleinen Abteilung nach Cap Pera. Die Gestade dieses Kaps sind von Menorca aus zu sehen. Die ganze Küste entlang hatten sie weithin sichtbare Feuer entzündet und die ganze Nacht hindurch brennen lassen. Auf Menorca vergewisserte sich der Priester davon, daß der Maurenherrscher die Feuer sah. Von dort aus hatte es den Anschein, als lagere ein gewaltiges Heer um das Kap herum. Als der Emir ihn fragte, was diese Feuer zu bedeuten hätten, erklärte ihm der Priester, das seien Herdfeuer jenes Teils der spanischen Armee, der auf seine Einschiffung zur Eroberung Menorcas warte. Da zögerten die Mauren nicht länger und unterwarfen sich den Bedingungen König Jaimes.

Trotz seiner mannigfachen Verpflichtungen in seinem Königreich Aragon auf dem spanischen Festland kam König Jaime bis zu seinem Tod in Valencia am 27. Juli 1276 sehr oft nach Mallorca. Er hat siebzig Jahre lang regiert. Als König von Aragon folgte ihm sein Sohn Pedro auf dem Thron. Sein Sohn Jaime wurde König Jaime II. von Mallorca.

Mallorca blühte wieder auf. Die Insel erholte sich von der einstigen Plünderung durch die spanischen Invasionstruppen und von den zahlreichen örtlichen Unternehmungen versprengter maurischer Trupps, die versuchten, die Insel wieder den Nachkommen des Propheten auszuliefern.

König Jaime I. hatte die Insel unter die Familien seiner Edelleute und die seiner Oberkommandierenden und Generäle aufgeteilt, die ausgedehnte Landsitze darauf errichteten. Zunächst wohnten sie vorwiegend in den bereits in Palma vorhandenen Palästen, wobei einige von ihnen auch Landschlösser und Villen übernahmen, die die Mauren gebaut hatten. Mit der Zeit errichteten sie anstelle der maurischen Gebäude Paläste im mediterranen Stil. Die Villen in der Stadt wurden unter florentinischem Einfluß wie Festungen ausgebaut, mit Innenhöfen, die mit Marmorsäulen und anmutigen Bögen ausgestattet waren. Das Schloß Almudaina wurde renoviert und umgebaut, wodurch es viel von seiner arabischen Atmosphäre verlor. Damals wurde Schloß Bellver erbaut, zunächst als Festung, als eine Huldigung an die rasch wachsende Größe des Königreichs Mallorca. Die Kirche von San Francisco wurde in Angriff genommen und weite Kreuzgänge in den Bauplan einbezogen. Auf der Anhöhe neben dem Schloß Almudaina erhob sich nun die prachtvolle gotische Kathedrale mit ihrem großartigen Blick über die Wälle der Stadt.

Unter König Jaimes II. Regierung waren die Verhältnisse im großen ganzen stabil, und das Land florierte. Im Jahre 1300 gründete er auf Mallorca die ›Zeca‹ – eine königliche Münze – zur Prägung des Geldes. Sie diente der Ausgabe gesetzlicher Zahlungsmittel bis zum Ende der Regierungszeit König Philipps V. im Jahre 1746.

König Jaime II. starb 1311. Ihm folgte sein Sohn Sancho, der bis 1325 regierte; der nächste König, Jaime III., ein Vetter Sanchos, konnte das Königreich Mallorca nicht gegen seinen Verwandten, König Pedro IV. von Aragon (1336–1387) behaupten. In einer Schlacht zur Verteidigung des Inselreichs bei Lluchmayor 1349 schlug einer der Gefolgsmänner des Usurpators dem König den Kopf ab. Zusammen mit der enthaupteten Leiche Jaimes III. wurde sein kleiner Sohn unter strenger Bewachung nach Schloß Bellver gebracht. Später kam das Kind nach Barcelona, wo man es in einem eisernen Käfig gefangenhielt.

Unter der Regierung Pedros IV. geriet Mallorcas Handel, seine einstmals mächtige Handelsflotte, in Bedrängnis. Der König führte Krieg gegen Genua, Sar-

dinien und Kastilien, und Geld und Mannschaften dafür mußten ihm die großen Familien der Insel stellen. Zu diesem Zweck mußten sie ihre Güter auspressen, und die Kaufleute schröpften ihre Kunden. Zwischen den reichen Familien und Handwerkern und Bauern richteten sich allmählich hohe soziale Schranken auf.

Diese Bürgerunruhen wuchsen unter der Herrschaft von Juan I. ständig an, bis im Jahre 1391 eine Streitmacht von viertausend Bauern und Handwerkern gegen die Stadtmauern von Palma anstürmte.

Nach dem Tode König Juans I. 1396 hatte Mallorca folgende Könige: Martin I. (1396-1410), Alfons V. (1416-1458) und Juan II. (1458-1479). Die ganze Zeit schwelten die Bürgerunruhen weiter, doch behielten die Adelsfamilien ihre Macht fest in der Hand.

Im Jahre 1479 wurden die Balearen unter Ferdinand und Isabella dem Königreich Spanien einverleibt.

Parallel zur wachsenden Macht Spaniens erwarben sich die Balearen eine starke Eigenständigkeit, die den zunehmenden Reichtum der Inseln ebenso widerspiegelte, wie sie zu ihm beitrug. Aus den europäischen Häfen ergoß sich ein Goldstrom in die Schatzkammern Mallorcas. Die Kaufherren der Insel kontrollierten den Handel im westlichen Mittelmeer im gleichen Ausmaß wie Barcelona. Große Landgüter breiteten sich über die fruchtbaren Tallandschaften. Ihre Produkte gingen zur Befriedigung der Bedürfnisse der wachsenden Küstenbevölkerungen nach Spanien, Frankreich und Nordafrika. Nächst Öl, Wein, Obst und anderen Nahrungsmitteln umfaßte der Export vornehmlich Leinen, Teppiche, Möbel und mallorquinische Töpferwaren. Die Schulen von Palma erwarben sich den Ruf großer Gelehrsamkeit, der den der spanischen Halbinsel verdunkelte. Balearische Seeleute galten, von den Arabern geschult, aufgrund ihrer Kenntnisse im Umgang mit dem Kompaß und in der Gewässerkunde als die besten der westlichen Welt.

Palma hatte schon im Mittelalter eine imposante Werft und geräumige Arsenale, wo Galeeren mit dreizehn Ruderbänken gebaut und untergebracht wurden. Um die Mitte des 14. Jahrhunderts bestand die Handelsflotte von Mallorca aus vierhundertsechzig Schiffen mit einem Fassungsvermögen von 30600 Seeleuten. Die Seefahrer der Balearen verwendeten den magnetischen Kompaß lange bevor Gicia von Amalfi ihn erfunden zu haben vorgab. Ihre Karten waren nicht allein die genauesten aller bis dahin vorhandenen, sondern auch wesentlich genauer als die noch viel später von den Handelslinien anderer europäischer Länder benutzten. Eine dieser Seekarten zeichnete 1439 ein

Kartograph in Palma namens Gabriel de Valseca. Sie ging in der Folgezeit in den Besitz von Amerigo Vespucci über, der dies ausdrücklich und mit eigener Hand auf der Rückseite vermerkt hat. Die Karte wird im Marine-Archiv der Stadt Palma aufbewahrt. An einem Rand ist sie von einem Tintenfleck beschmutzt. Er rührt von einer Unvorsichtigkeit George Sands her, die, als man ihr gestattete, die Karte zu studieren, dabei versehentlich ein Tintenfaß umstieß.

Fast hundert Jahre bevor die Portugiesen 1419 die Westküste Afrikas erforschten, hatten mallorquinische Seefahrer diese Küste 1346 bis hin zur Mündung des Rio del Oro kartographisch aufgenommen. Als Heinrich von Portugal, ›der Seefahrer‹, in Sangres seine berühmte Seefahrerschule gründete, verpflichtete er als Direktor einen ›Maestro Jacomo de Mallorca‹.

Innerhalb der Stadtmauern von Palma verdrängten seit der Wende zum 15. Jahrhundert imposante Paläste immer mehr die vordem bescheidenen Gebäude in den Straßen, die von der gewaltigen Baumasse der großen Kathedrale nach allen Richtungen abzweigten. Diese Paläste, die sich in den winkeligen Gassen gleichsam selbst im Wege stehen, kann man noch heute bewundern. Nach ihrer Errichtung schmückten Kunsthandwerker von Venedig und Florenz die Salons und Zimmerfluchten mit reichstem Ornamentdekor aus. Um ihren Wandflächen Glanz und Wärme zu geben, importierte man kostbar gewirkte Tapisserien aus Oberitalien. Vorhänge aus karmesinrotem Damast umrahmten verschwenderisch die Fenster, fein gearbeitete Kronleuchter wurden in Venedig in Auftrag gegeben und von schwerbeladenen Handelsschiffen zusammen mit geschnitzten und vergoldeten Spiegeln und prunkvollen, mit schwerem venezianischem Samt bezogenen Sesseln nach Palma gebracht.

Das Leben innerhalb der starken Mauern dieser Paläste war im höchsten Maße luxuriös. Nie endete der Reigen der Bälle und Bankette. Da waren die schweren Holz- oder Marmortische mit feinstem Spitzentuch gedeckt, aus Gold- und Silberkrügen flossen schier unerschöpflich erfrischende Getränke. Zur Herstellung des kostbaren Tafelgeräts beschäftigte man in der Straße der Silberschmiede hinter der Kirche Santa Eulalia ganze Kolonnen von einheimischen Handwerkern, und auch das Geschirr wurde in eigenen Manufakturen geschaffen – unverkennbar in seiner wohl noch von den Arabern herstammenden Technik; den Stil dieser Arbeiten nennt man ›hispano-maureske‹.

Die Gewänder derer, die sich zu diesen Banketten drängten, waren aus schwerem Samt und goldgewirktem Brokat aus Genua. Man erging sich in ausgefallenen Spielen. In ihren Mußestunden hielten die Männer Turniere oder kunstvoll eingerichtete Jagden ab. Damen wie Herren dieser Aristokratenschicht betrieben leidenschaftlich die Falkenjagd. Auf dem Wasser bestanden ihre Lustbarkeiten darin, in ihren kostbar geschnitzten und üppig vergoldeten Booten zwischen den Inseln hin- und herzukreuzen, wobei sie als höchsten Trumpf farbige Segel aus reiner Seide verwendeten.

Um sich all diesen Glanz leisten und dazu noch die von den Königen für ihre Kriege geforderten Abgaben aufbringen zu können, mußten nun die Grundherren ihre Güter und Untertanen bis zum äußersten ausnützen. So nahm die Unzufriedenheit der Bauern und der niederen Klassen allmählich zu. Im Jahre 1528 erreichte sie einen solchen Grad, daß unter der Führung eines Juan Crispin ein Aufstand losbrach. Den unzufriedenen Bauern gelang es, die öffentlichen Gebäude von Palma in ihre Hand zu bekommen. Der spanische

Vizekönig floh mit seinem Gefolge nach Ibiza. Die Edelleute und die reichen Kaufleute verschanzten sich in ihren Palästen oder in ihren Gütern draußen auf dem Land. Das feste Schloß Bellver bot vielen von ihnen Zuflucht. Doch die empörten Bauern berannten und erstürmten es. Sie durchbrachen die Wälle, trieben die unglücklichen Flüchtlinge zusammen und enthaupteten sie ohne langes Zögern. Ein Teil des Schlosses brannte nieder. Im Rausch dieses Sieges wüteten die Rebellen unter Crispin über die ganze Insel hin und suchten sich an den Landbesitzern zu rächen, wo sie nur konnten. Sie rannten gegen die befestigten Städte Pollensa, Alcudia und Puebla an. Doch nur in Puebla konnten sie ihren Erfolg von Schloß Bellver wiederholen. Mit der Zeit jedoch zersetzten Frustration und Parteienhader die Entschlossenheit der Bauern. Die Stoßkraft der Revolte ließ nach. Die unbefestigten Gebiete und Städte der Inseln lagen in Trümmern. Lebensmittel wurden knapp. Die Bauern bekamen den Niedergang ihrer unbebauten Felder zu spüren und sehnten sich nach ihren alten Lebensformen zurück.

König Karl I. von Spanien (Kaiser Karl V.) war sich der Bedeutung der Rebellion auf Mallorca vollauf bewußt. Er betrachtete sie als eine Krankheit, die eingedämmt und ausgetilgt werden mußte. Er entsandte starke Truppenverbände auf die Insel. Der Oberkommandierende dieser Streitkräfte konnte den Rebellenführer Juan Crispin zur Aufgabe des Kampfes bewegen unter dem Zugeständnis, daß er und die Kerntruppe seiner Gefolgsleute eine faire Behandlung erfahren würden. Crispin nahm das Angebot an. Als der Vizekönig mit triumphalem Gepränge von Ibiza heimkehrte und seine Noblen und die verängstigten Kaufherren sich wieder sicher fühlten, wurden Crispin und seine Genossen von einer im Einverständnis mit dem Vizekönig operierenden Truppe ergriffen, gehängt und gevierteilt. Doch nach diesem Aufstand war das Leben in den Palästen und auf den großen Gütern nicht mehr so leichtbeschwingt und prunkvoll wie ehedem.

Kaiser Karl V. kam nun selbst nach Mallorca. Er ging am 13. Oktober 1541 im Hafen von Palma an Land. Der Hauptgrund seines Kommens war die Verproviantierung seiner Flotte, die sich aufmachte, Algier zu erobern. Ihr Admiral, Andrea Doria, hatte schon Monate zuvor den Vizekönig von Mallorca von dieser Absicht verständigt. Es erging Befehl, große Mengen frischen Brotes, Fleisches und anderer Lebensmittel für die Schiffsbesatzungen bereitzuhalten. Der Kaiser selbst hatte ausdrücklich angeordnet, reichliche Käse- und Ölvorräte anzulegen.

Am Tag seiner Landung war die Stadt mit Flaggen und Wimpeln übersät. Entlang der Straßen, durch die der Kaiser und sein Gefolge ziehen würden, waren Triumphbögen errichtet. Der Kaiser näherte sich dem Ufer in der Galeere seines Admirals Andrea Doria und begleitet von neunzehn weiteren Galeeren. Die Landung erfolgte nahe der ›Lonja‹, jenem originellen gotischen Gebäude am Meere, das seit der Mitte des 15. Jahrhunderts den Treffpunkt der Handelsherren bildete und heute noch steht. Von dort aus begab sich der Kaiser durch die Innenstadt zur Plaza Cort. Nach den offiziellen Begrüßungsfeierlichkeiten ritt er auf seinem Schimmel zur Kathedrale, wo ein feierliches Tedeum abgehalten wurde.

Die riesigen Proviantmengen waren freilich unter äußerster Strapazierung der Inselbestände aufgebracht worden. Äußerlich sah alles nach Wohlstand aus, doch die Substanz dafür war längst nicht mehr vorhanden.

Zwar erholte sich das Land nach Kaiser Karls v. Besuch ein wenig, doch machte sich neue Unruhe bald wieder bemerkbar. Diese innere Unruhe wurde noch geschürt durch eine Reihe von bedrohlichen Pirateneinfällen. Die Araber wußten über die Verhältnisse auf der Insel gut Bescheid und nutzten sie aus. Sie richteten vernichtende Angriffe auf Pollensa (1550), Alcudia (1551), Valldemosa (1552) und Andraitx (1553). Zu allem Übel flammten die alten Fehden zwischen den Aristokraten-Familien wieder auf, und auf der Insel waren Partisanenbanden, die sogar die Behörden kleinerer Städte angriffen, erfolgreich am Werke.

Von 1556 bis 1598 regierte Philipp II. über Spanien und Mallorca, ohne die Angelegenheiten der Balearen sonderlich zu überwachen. Die Piratenangriffe nahmen zu. Allüberall auf der Insel schossen Wachttürme und Befestigungen aus dem Boden. 1562 mußten die Mauern von Palma wirksam verstärkt werden und den Inseln drohte erneut eine Hungersnot, vor allem wieder Mallorca; in den Jahren 1591 und 1592 mußte selbst das Brot rationiert werden.

Im Jahre 1613 wütete eine noch größere Hungersnot, so daß viele Familienverbände Mallorca verließen und nach Valencia gingen. Während des katalonischen Aufstands 1640 und der Erhebung von Neapel gegen den spanischen König 1647 blieb ihm Mallorca treu ergeben und stellte ihm Truppen. In dieser Zeit führten mallorquinische Kriegsschiffe wirksame Schläge auch gegen die maurischen Piraten.

Im Jahre 1700 bestieg Philipp v. den spanischen Thron, doch in Mallorca trat die Bevölkerung für die Ansprüche des Erzherzogs Karl ein. Dies traf besonders auf die Bauern und die Angehörigen des Handwerkerstandes zu. Die Adligen der Insel waren in dieser Frage gespalten. Die Herrschaft über die Insel wechselte, doch selbst nach dem Utrechter Frieden von 1713, der den spanischen Erbfolgekrieg beendete, mußte Philipp V. zur Befestigung seiner Herrschaft eine Flotte nach Mallorca entsenden.

Der Rest des Jahrhunderts sah fortwährende Unruhen auf den Inseln. Die Könige von Spanien wechselten häufig und der Hunger war ein ständiger Gast. Die wohlhabenden Familien reisten nicht mehr auf den Inseln herum und ließen ihre Kutschen im Stall. Dafür befestigten sie ihre ›Fincas‹ – ihre Landhäuser. Palma wimmelte damals von Bettlern. Viele Ortschaften überall auf der Insel lagen verödet. Die allgegenwärtigen Berber-Piraten führten laufend Raubzüge gegen Mallorca durch.

1776 wurden die Jesuiten von den Inseln verbannt. Am 13. April jenes Jahres wurden ihre Hochschulen von Montesión und San Martin und die von Pollensa beschlagnahmt. Die Ordensbrüder mußten Mallorca verlassen und bestiegen am 4. Mai ein Schiff, um nach Civitavecchia in Italien ins religiöse Exil zu gehen. Unter ihnen befand sich der bekannte Theologe und Humanist Bartolomé Pou de Algaida.

Die Dinge wendeten sich erst 1778 zum Besseren. Für die wirtschaftliche Entwicklung Mallorcas wurde eine Gesellschaft gegründet. Sie widmete sich der Verbesserung der Landwirtschaft, indem sie den Anbau von Kartoffeln vorantrieb und den Anstoß zur Produktion von Leinen gab. Sie regte Kunst und Industrie an, eröffnete eine Leineweberschule und eine zum Studium der Mathematik. Zwei neue Grundschulen entstanden. 1762 wurde ein Postdienst eingerichtet. 1782 erhielten die ›Chuetes‹ – die jüdische Bevölkerung der Insel, die zwar bereits zum Christentum übergetreten, aber noch beträchtlich unterdrückt war – durch königliches Dekret von Karl III. die Freiheit, sich unbeschränkt überall niederlassen zu dürfen. Gegen Ende des Jahrhunderts kamen viele Franzosen auf der Flucht vor der Französischen Revolution nach Mallorca und Menorca.

In den ersten Jahren des 19. Jahrhunderts suchten zahlreiche Spanier von der Halbinsel Zuflucht vor den in Spanien eingefallenen Truppen Napoleons. Spanien und die Balearen-Insel Mallorca unterstanden damals der Herrschaft König Ferdinands VII. In den Anfangsjahren seiner Regierung nahm die politische Diskussion zwischen den liberalen und konservativen Kräften Mallorcas über die Führung einer unabhängigen Politik und eine verfassungsmäßige Regierung der Insel immer lebhaftere Formen an. Schließlich kam 1812 eine Verfassung zustande. Eine Provinzial-Verwaltung wurde aufgebaut und die Kontrolle der Armee über die Zivilverwaltung abgeschafft. Das Inquisitionstribunal wurde aufgelöst. 1814 kam Ferdinand VII. nach Mallorca, hob die Verfassung auf und setzte die Inquisition wieder ein. Die Liberalen wurden unruhig. In den darauffolgenden Jahren ging man mit strengen Maßnahmen gegen sie vor. Im allgemeinen aber war die Bevölkerung Mallorcas gegen die Liberalen eingestellt. Als Königin Isabella II. den spanischen Thron bestieg, förderte sie die liberale Bewegung in ihren Ländern. Wieder sträubte sich Mallorca dagegen. In dem nun auflodernden Kampf wurden in den Jahren 1836 und 1837 viele Klöster und zahlreiche Kirchen und Kunstwerke zerstört. Bei ihrem Besuch auf der Insel im Jahre 1860 legte die Königin den Grundstein zu einem ihr zu Ehren entworfenen Denkmal. Es fiel 1868 der Zerstörung durch konservative Elemente in der Bevölkerung zum Opfer, als die Nachricht von der Entthronung Isabellas bekannt wurde. Im gleichen Jahr verwüsteten die konservativen Rebellen das Rathaus und plünderten die städtischen Archive. 1873 wurde in Spanien die Republik ausgerufen und eine

Kriegsflotte von Cartagena aus zur Unterdrückung der Konservativen nach Mallorca gesandt. Die Kampagne blieb ohne Wirkung, da 1874 die Monarchie mit Alfons XII. als König wiederhergestellt wurde. Er besuchte Mallorca 1877.

In diesen Jahrzehnten war der mallorquinische Wein-Export zu großem Umfang gediehen, bis 1890 ein gefährlicher Mehltau die Weinstöcke befiel. An die Stelle der vernichteten Weingärten traten damals in hohem Maße Mandelhaine. Diejenigen aber, die den Weinbau weiter pflegen wollten, importierten neue Züchtungen von mehltau-unempfindlichen Weinstöcken aus Kalifornien, und die Tradition blieb erhalten. Viele Mallorquiner wanderten jetzt nach Südamerika und nach Algerien aus.

Um die Jahrhundertwende hatte die Bevölkerung Mallorcas und Palmas wieder zugenommen, so daß das neue Jahrhundert mit einem Gefühl der Hoffnung begann. Mallorca und die anderen Balearen erlebten das volle Erblühen einer sich erneuernden Kultur. Nicht nur, daß sich die Einwohner der wachsenden Wertschätzung dessen, was die Natur ihnen beschert und was die konstruktiven Phasen ihrer Kulturgeschichte so großzügig dazugetan hatten, bewußt wurden – auch aus anderen Ländern kamen Menschen, die hier fördernd eingriffen. Ein hervorragendes Beispiel dafür, ja in vieler Hinsicht eine treibende Kraft, stellt die Persönlichkeit des Erzherzogs Ludwig Salvator von Österreich dar. Das umfangreiche Werk, das aus seiner Liebe zu Mallorca und den Balearen nach langen Jahren eines Aufenthaltes auf der Insel entstanden war und in dem er ein unvergleichliches Material verarbeitete, kann als Vorläufer aller Bücher betrachtet werden, die in der Folgezeit zum besseren Verständnis der Inseln veröffentlicht wurden. Sein Buch, das

1897 zum zweitenmal erschien, hat so recht erst das Interesse an Mallorca und den Balearen als Touristenziel geweckt und hat damit auch zur Entwicklung der Inseln im 20. Jahrhundert beigetragen.

Dieses Hineinwachsen der Inseln in den Rang, den sie heute im Mittelmeer als Zuflucht für alle, die Entspannung und Auftrieb suchen, einnehmen, ist nur für verhältnismäßig kurze Zeit unterbrochen worden, und zwar während des spanischen Bürgerkriegs. Die in jenen Jahren angerichteten Verwüstungen sind rasch in die Chronik der Kriege, Invasionen und Aufstände eingegangen, die die Inseln in Fülle zu verzeichnen haben.

Palma erlebte seinen ersten Bombenangriff im Bürgerkrieg am Morgen des 23. Juli 1936 gegen elf Uhr. Das angreifende Flugzeug kam von einem von den Republikanern auf Menorca eingerichteten Stützpunkt. Die unmittelbare Antwort darauf war eine spontane Demonstration einer großen Anzahl von Bürgern, die ihrer Begeisterung für ›España‹, ›El Ejercito‹ und ›La Falange Española‹ – für Spanien, die Armee und die Spanische Falange – Ausdruck gaben. Später versammelten sich die zivilen und militärischen Oberhäupter der Stadt mit ihren Frauen auf dem opernhaft wirkenden Balkon des Schlosses Almudaina, der einen weiten Blick über die ehrwürdigen Stadtmauern bietet. Von dort aus nahmen sie die Hochrufe der rasch sich sammelnden Menge und deren Schwüre, die Ehre Spaniens gegen alle seine Feinde, innere wie äußere, verteidigen zu wollen, entgegen. Am nächsten Tag flog ein einzelnes Regierungsflugzeug vom Meer her über Alcudia und Pollensa hinweg auf Inca zu. Dort ließ es – gleichsam nachhinkend – eine Bombe fallen.

Dann aber wurde der Bürgerkrieg erbitterter. In seine Schrecken teilten sich beide Seiten. In den Dörfern wandte sich Bruder gegen Bruder. Republikanische Truppen unternahmen eine Invasion. Sie landeten zunächst in der Bucht von Porto Cristo. Es kam zu einer Schlacht, die sich in Richtung auf Manacor bewegte. Dann breitete sie sich aus auf Son Severa zu, das die roten Truppen besetzten. Die nun folgenden Schlachten waren begleitet von den ungeheuerlichsten Behauptungen und Gegenbehauptungen. Die linke Presse Barcelonas ging sogar so weit zu behaupten: »Durch Gottes Gnade überrennen unsere tapferen Soldaten die ganze Insel Mallorca.« Ungeachtet von Propaganda und Gegenpropaganda fand die Art der Zerstörung, die die spanische Halbinsel heimsuchte, ihr Gegenstück auf Mallorca und in kleinerem Ausmaß auf den anderen Inseln. Am Ende kam doch der Friede, und mit ihm der Wiederaufbau und die Heilung physischer und seelischer Wunden. Mallorca und die anderen Balearen-Inseln, sie alle hatten eine neuerliche Episode von Tod und Zerstörung überstanden.

[2]

Palma, die Hauptstadt

Palma, die Hauptstadt von Mallorca, ist wie auch die übrige Insel und die anderen Glieder der Inselgruppe, heute dafür bekannt, daß es dem Touristen alles bietet, was er sich am meisten ersehnt: Sonne, Sand und Meer stehen auf der Wunschliste der großen Mehrheit nervlich erschöpfter Bewohner unserer modernen ›Hochspannungszivilisation‹ ganz obenan. All dies findet er hier im Überfluß, und doch hat ihm Palma viel mehr zu geben, als es auf den ersten Blick erscheinen mag. Diese Stadt sollte man mit Bedacht und Muße und mit offenen Augen für ihre besonderen Schönheiten besichtigen, denn gerade hier in Palma findet man leicht zugängliche und anschauliche Zeugnisse der alten kulturellen Überlieferung Mallorcas.

Höchstwahrscheinlich kommen Sie nach Mallorca im Flugzeug: dann werden Ihre ersten Eindrücke von der regen Betriebsamkeit auf dem neuen Flughafen bestimmt sein. Oder Sie fahren mit dem Schiff in das geschützte Halbrund von Palmas weitläufigem Hafen ein. In jedem Falle werden Ihren suchenden Augen eine Fülle moderner Bauwerke begegnen. Aug und Ohr werden gefangengenommen vom Lärm und Getriebe heutigen Verkehrs.

Um sich einen ersten umfassenden Überblick über Palma zu verschaffen, kann man zwei Aussichtspunkte wählen: das obere Ende des Paseo Marítimo unter El

Terreno und den Hügel, wo Schloß Bellver steht. Von beiden Punkten aus hat man einen umfassenden Rundblick, den lohnendsten allerdings hat man von der Höhe des Schlosses Bellver. Schloß Bellver ist einer der beiden bemerkenswertesten Bauten von Palma – wir kommen später noch darauf zurück. Der andere ist die Kathedrale. Die sollte man sich allerdings erst dann näher betrachten, wenn man sie zunächst aus einiger Entfernung in ihrer Ganzheit in sich aufgenommen hat.

Blick auf Palma

Von *Bellver* aus wie auch vom Rand des Hafens längs des Paseo Maritimo ist klar zu erkennen, daß Palma aus einem prächtigen alten Kern besteht, der von einer ständig dicker werdenden Kruste aus emporragenden Hotels, hochaufgetürmten Wohn- und Geschäftshäusern umgeben ist. Die nahe Hafenkulisse freilich mildert ein wenig das Schroffe und das Stachelige dieser Verkrustung. An den vielen verschiedenartigen Schiffen dort kann sich das Auge immer wieder ein bißchen laben. Stolze Ozeandampfer aus Übersee liegen da und elegante Seefahrzeuge für den Verkehr zwischen den Mittelmeerhäfen. Die verschiedensten Grade von Luxus und technischer Perfektion fesseln an den Scharen der privaten Jachten, die sich in den schier überquellenden Kaischuppen drängen. Sie wechseln mit emsigen Fischerbooten, denen man ihre schwere Arbeit ansieht. All das fesselt den Blick. Doch sollten Sie Ihre Aufmerksamkeit vor allem der Kathedrale zuwenden und ihrem Nachbarn, dem legendenumwobenen Almudaina-Palast. Schauen Sie, wie sie da im Schutze des gut erhaltenen Teils des Seewalls zu Ihren Füßen liegen! Was in diesen beiden Bauwerken Ihnen an kulturellem Reichtum entgegenleuchtet, das wird Ihnen nun als Wegweiser in die Stadt selbst dienen. Lassen Sie sich von ihnen von dem uralten Zauber künden, der nur darauf wartet, von Ihnen entdeckt zu werden, und lassen Sie Ihren Blick dann nochmals über die himmelanstürmenden Formationen der modernen Architektur rings um die Stadt schweifen, um den etwa in Ihnen aufkeimenden Verdacht zu ersticken, Palma sei nur ein Museum. Es bewahrt im Gegenteil dicht nebeneinander sowohl traditionelle Kultur wie pulsendes Leben unserer Zeit.

Gang zur Stadt

Ihr erster Gang in die Stadt selbst führt Sie am besten am inneren Hafenviertel entlang unter den wiegenden Kronen der Palmen des Paseo Sagrera. Beginnen Sie Ihren Spaziergang dort, wo der Paseo Maritimo sich parallel zur Bucht im Bogen unter den halbverfallenen Windmühlen hinzieht, die auf der Erhebung zu Ihrer Linken stehen. Richten Sie Ihren Blick von diesen Mühlen, die einst das dringend benötigte Wasser heraufpumpten, über das trockene Bett der ›Riera Torrent‹ genannten Schlucht, die die Stadt vor Ihnen säumt, und lassen Sie ihn auf der Ecke des alten Schutzwalls ruhen, der hier seine stolze Kraft emporreckt. Er trägt einen schmucken Wachtturm. Dieser Teil der einstigen Schutzwehr hat heute sein bedrohliches Aussehen verloren. Er ist nur noch ein phantasiebeflügelnder Rahmen für das, was vor Ihnen liegt: die Straßen und die Bauten von Palma.

Wenn Sie den Paseo Sagrera weiterverfolgen, fallen Ihnen an seiner Innenseite, hinter der die City beginnt, zwei Gebäude besonders auf. Es sind das Consulado del Mar und die Lonja. Zwischen ihnen steht ein anmutiger Triumphbogen in klassischen Formen. Beide Gebäude repräsentieren treffend zwei bedeutsame Elemente in der Geschichte von Palmas Macht und Größe während der auslaufenden Gotik und der Renaissance.

Im unteren Stockwerk des *Consulado del Mar*, das ein nahezu makelloses Beispiel für die Architektur der Renaissance darstellt, ist heute das ›Museo Maritimo‹ untergebracht, eine Sammlung von Seekarten, Schiffsmodellen, Drucken, sowie Galionsfiguren und Navigationsgeräten alter Schiffe. Sie ist der ganze Stolz jedes echten Sohnes der Balearen, dessen Vorfahren einmal an der Spitze der Seefahrt im Mittelmeer und an der

Westküste Afrikas standen. Die Galerie im oberen Stockwerk und die im klassischen Stil gehaltenen Fensterumrahmungen sind so schön wie nichts sonst in Palma. Wenn sie des Nachts gedämpft von unten her angestrahlt werden, erscheinen sie dem Betrachter wie eine Kulisse für die romantischsten Opern.

An die Rückfront des Consulado schließt an einer Seite eine kleine Kapelle älterer Bauart im spätgotischen Stil an. Sie wurde im 16. Jahrhundert gebaut. Das Consulado wurde im 17. Jahrhundert zunächst als Schiffahrtshochschule errichtet.

Die *Puerta del Mar*, die in dem Park zwischen dem Consulado und der Lonja steht, war früher eines der Stadttore zum Hafen hin. Durch sie geleitete man prominente Gäste in die Stadt. Sie wurde 1620 von Jaime Blanquer geschaffen.

Die ursprüngliche Bestimmung der *Lonja* wird häufig mißverstanden. Möglicherweise stimmt auch Ihr erster Eindruck mit dem des Kaisers Karl V. überein, als er hier am 13. Oktober 1541 landete. Er hielt das Gebäude nämlich für eine Kirche. Als er dann aber erfuhr, daß dies nicht zutraf, daß hier vielmehr Handelsgeschäfte getätigt würden, fand er Worte höchsten Lobes für seine kulturbewußte und zugleich unternehmerisch tüchtige Bevölkerung.

Als Mallorcas Handel zunahm und mit seinen Kapitalien auch sein Stolz wuchs, spürte man das Verlangen nach einer der Würde ihrer Aufgabe entsprechenden Börse. Im Jahre 1450 erhielt denn auch ein gewisser Guillermo Sagrera den Auftrag, ein Gebäude zu entwerfen, das in jeder Hinsicht der Bedeutung des mallorquinischen Handels und dem Stolz der bürgerlichen und adligen Kaufherren auf ihn Rechnung tragen sollte. Dem Baumeister Sagrera gelang ein gotischer Bau, der auf seine Weise ein einzigartiges, steingewordenes Abbild der seelischen Stimmung und der Einstellung zum Leben in jener Epoche darstellt. Er sollte in seinem Werk dem Glauben der Bürger Ausdruck verleihen, daß die Blüte ihres Handels und sein weiteres Gedeihen von Gott gegeben sein müßten. So schuf er in den Ecken und Winkeln des Gebäudes Nischen und stellte darin Standbilder von Heiligen auf, die als Protektoren der Handelsherren Mallorcas dienen sollten. Über dem Haupteingang brachte er einen schwebenden Engel an. Die Fenster umrankte er mit fein durchbrochenem Maßwerk. Die Schwere der glatten, massiven Mauern, die eine einzige Halle umschließen, deren Gewölbe auf sechs Säulen ruhen, suchte er zu mildern, indem er sie mit einer offenen Galerie schmückte.

Heutzutage läßt sich nur schwer begreifen, daß dies einmal ein Umschlagplatz für Geld und Waren – eine Börse – gewesen ist, doch stand in diesen Zeiten und für diese Menschen die Ansammlung von Reichtümern durch Handel und Geschäfte ebenso unter dem Schutz des Himmels wie die ›göttlichen‹ Rechte von Königen und Aristokraten. Die Lonja ist nur der einer solchen Geisteshaltung angemessenste architektonische Ausdruck.

Auf den großen Auktionen, die innerhalb der Lonja stattfanden, wurden nicht nur die eher handfesten Produkte der großen Landgüter umgeschlagen, sondern auch Luxusgegenstände aller Art: von seltenen Federn und Pleureusen bis zu goldbesticktem Samt. Regelmäßig nahmen Agenten aus allen wichtigen Handelsstädten Westeuropas an diesen Auktionen teil.

Heute beherbergt die Lonja das ›Provinzialmuseum der Schönen Künste‹. Man findet darin schöne Werke vor allem gotischer Kunst, Gemälde sowie eine buntgemischte Sammlung von Fundgegenständen aus den frühen Inselkulturen. Unter den Gemälden sind hervorragende religiöse Bilder des 15. Jahrhunderts, vorzugsweise von mallorquinischen Malern, bis zu neueren Werken von Herrero, Soriano, Murillo und Casado del Alizal, Meistern der spanischen Schule des 17. Jahrhunderts. Von besonderem Interesse für alle diejenigen, die später das Kloster Valldemosa besuchen wollen, dürfte ein Gemälde von Ferrando aus dem Jahre 1517 sein, das die Bauten der Kartause darstellt.

Wenden Sie sich nun von der Plaza der Lonja der verbreiterten und neu bepflanzten Avenida Antonio Maura zu. Werfen Sie dabei einen kurzen Blick zu Ihrer Linken in die engen Gassen, die hinter der Lonja liegen und heben Sie sie sich für einen späteren Spaziergang auf. Ihr nächstes Ziel ist die den Seewall hinaufführende Treppenflucht an der Breitseite der Avenida gerade vor Ihnen. Auf dieser Treppe gelangen Sie zu dem kleinen Park am Fuße des Almudaina-Palastes und der Kathedrale. Machen Sie hier nun eine Pause und nehmen Sie den Eindruck dieser beiden großen Schöpfungen ganz in sich auf. Sie sind Denkmäler weltlicher Macht und geistlicher Größe, errichtet zum Ruhme des irdischen und des himmlischen Herrn.

Die Kathedrale

Besichtigen Sie zunächst die *Kathedrale*, doch gehen Sie, bevor Sie eintreten, erst einmal um sie herum. Halten Sie einen Moment vor dem ›Portal del Mirador‹ inne und schauen Sie sich dieses in der Mitte der dem Meere zugewandten südlichen Kathedralenfront befindliche Kirchenportal in Ruhe an. Es ist eines der schönsten Zeugnisse spanischer Spitzbogenarchitektur. Von den Apostelfiguren, die es flankieren, schuf die Statuen des Petrus und des Paul der Bildhauer-Architekt Guillermo Sagrera, der auch die Lonja baute. Das reichgeschmückte Bogenfeld über dem Portal, das ihm gleichfalls zugeschrieben wird, zeigt neben anderen Szenen ein Abendmahl in Flachrelief. Schaut man sich die Figuren der Dienenden an den Enden der Tafel genauer an, so stellt man fest, daß sie nicht etwa die ihrer Zeit entsprechenden römischen Gewänder tragen, sondern mallorquinische Trachten aus der Zeit, als das Relief entstand.

Ein anerkannter Kenner mittelalterlicher Baukunst hat einmal geschrieben, die Kunst der Gotik trete nirgendwo intelligenter, strenger und eindrucksvoller in Erscheinung als in der Kathedrale von Palma. Dieser Meinung ist stets der ihr gebührende Respekt gezollt worden und hat die Billigung der meisten Fachgelehrten gefunden. Nur über die Anwendung des Wortes ›streng‹ sind die Meinungen geteilt. Einige Forscher halten diese Bezeichnung für den anmutigen Bau, der sich über die Mauern, Paläste und weltlichen Baulichkeiten Palmas erhebt, für zu schroff und zu formalistisch. Andere sind der Auffassung, mit ›streng‹ sei hier ›erhaben‹ gemeint.

König Jaime I. faßte den Plan zum Bau einer solchen Kirche, wie er seinem Tagebuch anvertraute, aus einem Gefühl der Dankbarkeit für seinen Sieg heraus. Der von ihm erwählte Baumeister – und alle, die nach ihm kamen – waren vom selben Geist erfüllt und brachten so diese Symphonie aus Form und Empfindung zustande. Sie wird oft zu den vier schönsten Kirchen der Welt gezählt, zumindest ist sie wohl die eleganteste und schwereloseste in Spanien.

Die äußeren Strebepfeiler verleihen dem Bauwerk etwas Fröhliches und lassen uns ihren konstruktiven Charakter fast vergessen. Finster dreinblickende Türme fehlen. Der unvollendete Glockenturm, der am nördlichen Choransatz der Kathedrale seinen Platz hat, wirkt in seiner Mächtigkeit wie der Wächter einer schönen Frau, so elegant und leicht erscheinen Chor und Schiffe neben ihm.

Als Bauplatz wählte man die Stelle, wo einst die größte maurische Moschee der Insel gestanden hatte – die Moschee, die die Emire besuchten, um ihr Haupt gen Mekka zu neigen. Die ersten Steine wurden 1230 zum Bau gefügt. Sie und viele in der Folgezeit verwendete kamen aus den Steinbrüchen von Santañy an der Südküste. Zuerst errichtete man den Chor im Osten, danach kamen die nach Westen und Norden gerichteten Fassaden und schließlich die die große Bucht nach Süden überschauende Fassade.

König Jaime I. hat noch die Weihe der ›Apsis‹, zu der sich achtzehn Chorkapellen von sechzehn Meter Höhe zusammenschließen, durch den zweiten Bischof von Palma, Pedro de Muredine, am 27. September 1269 erlebt, in deren Mittelachse die ›Capilla real‹ und die ›Dreieinigkeitskapelle‹ mit den Königsgräbern liegen. Die Bauarbeiten gingen nach seinem Tode weiter, gefördert als ein Werk wachsenden Stolzes des Hofes und der Vizekönige, der reichen Kaufherren und der wohlhabenden Bürgerschaft der Stadt. Im Jahre

1377 wurde der zweite Teil des Mittelschiffs vollendet, 1397 errichtete man die Seitenschiffe, die Südfassade und die Kapelle Unserer Frauen von la Clastra. In den folgenden Jahrzehnten bis hinein in die Mitte des 16. Jahrhunderts schuf man die anmutigen Säulen, Bögen, Strebepfeiler und Maßwerkfenster. Der Schlußstein für den letzten der noch unvollendeten prächtigen Rundbögen wurde am 29. Juli 1587 eingefügt. Das große Tor gegenüber dem Almudaina-Palast wurde erst 1601 fertig. Fast vierhundert Jahre waren seit der Grundsteinlegung vergangen.

Im Jahre 1851 zerstörte ein Erdbeben die Struktur des Westportals. Man setzte es wieder instand und gestaltete danach diese ganze Fassade in einem Stil, den man allgemein ›Neugotik‹ nennt. Was damals gemacht wurde, paßt, wie auch die beiden kirchturmartigen Aufbauten zu beiden Seiten des Portals, weder in die Zeit noch an diesen Ort. Diese ehrgeizigen Anstrengungen verschandeln die Harmonie des Bauwerks sehr.

Drinnen im geräumigen *Kircheninneren*, das man von Norden her durch die Puerta de la Almoina betritt, erfreut sich das Auge an der Spannung seiner gewaltigen Länge von hundertzwanzig Metern, die von schlank emporragenden Pfeilern gesäumt wird. Sie lassen den Blick frei in die verhältnismäßig hohen, hell beleuchteten Seitenschiffe schweifen, wodurch sich der Raum der Schiffe trotz des basilikalen Aufbaus für das Auge fast zu einer Halle zusammenschließt. Die Pfeiler wirken zuweilen fast nur wie der Schatten der Lichtbündel, die durch die hohen Fenster einfallen. Die eleganten, achtkantigen, spitzzulaufenden Pfeiler ragen bis zu einer Höhe von fast dreißig Metern empor. Sie geben dem Innenraum weniger einen begrenzenden Rahmen als daß sie den Blick mit magischer Gewalt nach oben in die wirkungsvoll gegliederten,

1 *Hafen von Palma*

2 *Maurische Bäder in Palma*

3
Palma, San Francisc

5 Palma, San Antonio

Palma, Hauptportal von San Francisco

6-7 Ansicht von Palma

RIO

8 Palma, La Lonja, Eingangsportal

Karfreitagsprozession in Palm

1

Flohmarkt in Palm

10 *Haus in Palma, erbaut von einem Schüler von Gaudí*

1

Schloß Bellve

–

tiefgebusten Gewölbe ziehen. Die Seitenschiffskapellen liegen ständig in diffusem Schatten, so daß man sie auf den ersten Blick nur schwer erkennen kann. Jede ist in ihrer Form anders: einige sind frühgotisch, andere gehören der italienischen Renaissance an, ein oder zwei wirken wie rein österreichisches Barock.

Der Hauptaltar, von 1346-1601 entstanden, bietet ein Bild edler Würde. Zwar wirkt er auf den ersten Blick in seinem Aufbau reichlich konventionell. Dann aber richtet sich das Auge empor und nimmt eine schwebende Tiara mit darunter hängenden konkaven Gebilden von so kapriziöser Fröhlichkeit wahr, daß auf einmal der ganze Altar jeden Anflug von Formalismus, den er vielleicht dem ersten Blick präsentiert, verliert und sich dem Beschauer ein Gefühl von heiterer, strahlender Geistigkeit mitteilt. Dieses vergoldete, reichverzierte Diadem sieht aus, als wollte es den Chorgesang und die Gebete der Gemeinde in sich einsaugen und in die Ewigkeit aussenden.

Daß diese wundersame goldene Krone gerade hier ihren Platz gefunden hat, läßt sich leichter verstehen, wenn man den Namen des Künstlers erfährt, der sie gefertigt hat. Es war Antonio Gaudí, der den Umbau und die Ausstattung des Chores der Kathedrale durchgeführt hat. Mag auch die Strenge des alten Chorabschlusses ›korrekter‹ im Sinne der Gotik gewirkt haben, die Einbeziehung der ›Capilla real‹ in den Chor durch Gaudí (1903) hat dem ganzen Raumgefüge doch eine gewaltige Steigerung gegeben, ebenso der mächtige Kronleuchter, den der Jugendstil-Meister für den Chor entwarf und der in seinem Formen- und Symbolreichtum seinesgleichen sucht. In der erst 1948 geweihten Kapelle der Heiligen Dreifaltigkeit – dem ›Königlichen Pantheon‹ nächst dem Bischofsthron – befinden sich die Grabmäler Jaimes II. und Jaimes III.

Der Bischofsthron selbst entstand dagegen im Jahre 1269 und ist aus einem Findling von Santañy in einem Stück gefertigt. In die ›Capilla real‹ hat man heute das reichgeschnitzte Chorgestühl, das aus der Wende von der Gotik zur Renaissance stammt, gestellt.

Auf unserem Weg vom nördlichen Eingang her begegnen wir im Mittelschiff zwei Kanzeln im Plateresken-Stil, einem in Spanien häufig verwendeten Schmuckdekor des 16. Jahrhunderts, der aus der Goldschmiedekunst stammt und gotische, arabische und antike Formelemente mischt. Auch das Westportal der Kathedrale zeigt diesen Stil, eine Art spanischen Manierismus, dem wir auf unserem Wege durch Palma und die anderen Städte der Insel immer wieder begegnen werden.

Die Seitenschiffskapellen enthalten manch schönes Kunstwerk, an dem sich die spezifische Form spanischer Frömmigkeit demonstrieren ließe. Hier wird jeder Besucher seiner persönlichen Entdeckungslust nachgehen; wir weisen nur auf die ›Kapelle der Seelen‹ mit dem schönen Altarschrein aus dem 14. Jahrhundert und die ›Kapelle der Unbefleckten Empfängnis‹ mit ihren stuckverzierten Wänden und ihren Gemälden hin. Vor der Sakristei sollte man das früher im Mittelschiff vor dem Chor befindliche, vom alten ›Traschoro‹ stammende, platereske Portal beachten und die berühmte gotische Orgel über der ›Kapelle der Frömmigkeit‹ und den Eingang zum Kapitelsaal. Hier, in dieser Kapelle, ist der große Mallorquiner Baumeister Guillermo Sagrera, von dem schon die Rede war, begraben. Auch die Sebastianskapelle sollte man beachten, nicht nur wegen des Titularheiligen, der ein Patron Mallorcas ist und dessen Armreliquie wir im Domschatz sehen werden, sondern auch wegen des Bildes des seligen Raimundo Llull.

Der Domschatz wird im *Kapitelsaal* aufbewahrt. In der Mitte des Vorraums steht das Grabmal von Gil Sánchez Muños, des Bischofs von Mallorca, der 1447 starb. Als Kardinal wurde er nach dem Tode Papst Benedikts XIII. unter dem Namen Clemens VIII. versehentlich zum Papst gewählt. Er verzichtete dann aber auf seinen Anspruch auf den Stuhl Petri und wurde zur Belohnung dafür zum Bischof von Mallorca ernannt. Er behielt jedoch das Vorrecht, die Pontifikalmesse gemeinsam mit zwölf Mit-Zelebranten zu lesen, ein vordem nur dem legitimen Papst zustehendes Recht. Bis heute hat sich dieses Privileg auf die Bischöfe von Mallorca vererbt, doch wird die ›Concelebration‹ seit dem letzten vatikanischen Konzil allenthalben ausgeübt. Unter den kostbaren Steinen und Kultgegenständen aus Edelmetallen, die der Kirchenschatz enthält, finden sich auch Reliquien. Da ist ein Stück Holz zu sehen, das von der Säule stammen soll, an die gefesselt Christus von den römischen Soldaten gegeißelt wurde. Ferner drei blutbefleckte Dornen aus der Dornenkrone und ein Stück von jenem Schwamm, den die Söldner in Essig getaucht und Christus damit getränkt hatten. Außerdem ist unter diesen verehrungswürdigen Reliquien ein Stück vom Gewand der heiligen Jungfrau und ein Fetzen des Tuches, in das Christi Leichnam gehüllt wurde, weiter dann ein lebensgroßer Arm aus purem Silber. Darin befindet sich eine Reliquie des heiligen Sebastian, die der Archidiakon von Rhodos zur Zeit der auf der Insel wütenden großen Pest dem Bischof von Mallorca übersandte. Als die Pest kurz danach zurückging, ernannte man aus Dankbarkeit dafür den heiligen Sebastian zum Schutzpatron von Palma.

Von den übrigen Schätzen sei noch ein riesiges gotisches Ostensorium in Monstranzform erwähnt und darauf hingewiesen, daß unter den Elfenbeinkästchen, Handschriften und Goldschmiedearbeiten manch wertvolles Stück italienischer, spanischer und byzantinischer Kunst aus vielen Jahrhunderten sich befindet, auch manche Seltenheit, wie zum Beispiel der berühmte Armstuhl, auf dem Karl v. sitzend dem Gottesdienst in der Kathedrale beigewohnt hat, ferner viele wertvolle Tapisserien und kirchliche Gewänder aus kostbaren Geweben aller Zeiten und aus fernen Ländern. Nicht versäumen sollte man aber, die riesigen Silberleuchter aus dem 18. Jahrhundert zu betrachten, die heute in der Sakristei stehen, und das schöne alte Altargehäuse aus der gotischen Zeit, das heute nicht mehr den Chor schmückt, sondern in einem Seitenschiff abgestellt ist.

Wenn Sie das gedämpfte Licht und die würdevolle Stille der Kathedrale verlassen haben, überqueren Sie nun die Plaza Seo in Richtung auf die Mauern des *Almudaina-Palastes.* Palma hat viele ›Palacios‹, deren Fassaden Sie beeindrucken werden, doch wollen wir nach Rang und Größe dem Almudaina-Palast den Vorrang geben.

Ursprünglich maurischer Alkazar, wurde der Palast von den Baumeistern König Jaimes II. zu seiner Residenz umgebaut, und zwar so, wie man es der Macht und der Würde eines reichen christlichen Königs schuldig zu sein glaubte; auch später wurde er immer wieder verändert. Von der Pracht der arabischen Zeit ist nicht mehr viel übrig, ja man ging sogar so weit, die Umwandlung der Gärten vom maurischen in den Stil der Zeit des späten Mittelalters und der Renaissance streng durchzuführen. Dazu holte man François Campordon aus Barcelona, der die Gärten dann auch mit Standbildern eigener Erfindung ausstattete. Inmitten dieser Anlage erbaute man, mit Blick aufs Meer, eine elegante gotische Galerie zwischen zwei Türmen und im Hof eine königliche Privatkapelle, die man im Stil der Zeit mit der ganzen spanischen Pracht ausschmückte. Von der Empore dieses Gotteshauses aus, deren Bögen hinter einer Art durchbrochener Haremswand verdeckt sind, konnten Jaime II. und königliche Gäste, wie zum Beispiel Karl V., am Gottesdienste teilnehmen.

Der Almudaina-Palast ähnelt – ob bewußt oder unbewußt steht dahin – durch die an ihm vorgenommenen Renovierungen des 13. und 14. Jahrhunderts dem Palast der Könige von Mallorca in Perpignan. Auch seine Lage ist verwandt. Von seinem dominierenden Platz hinter der alten Stadtmauer überschaut er den Hafen, wenn auch überschattet von der Kathedrale. So bietet er im Stadtbild als Sitz weltlicher Macht- und Prachtentfaltung einen wirkungsvollen Kontrast zum geistlichen Zentrum des Domes.

Heute dient der Palast als Hauptquartier des Militärkommandanten der Balearen, doch stehen noch immer die königlichen Gemächer in seinem Innern jederzeit dem Staatsoberhaupt zur Verfügung. Der dem Hafen zugewandte Teil des Palastes ist als Museum eingerichtet. Es enthält Stücke aus der Zeit Jaimes I. und solche aus dem 14., 15. und 16. Jahrhundert, von denen viele aus dem Escorial-Palast bei Madrid stammen.

Sehenswert ist ganz in der Nähe auch ein weiterer Palast. In der Rangordnung der ›Palacios‹ von Palma nimmt er die nächste Stelle ein. Es handelt sich um den *Palast der Bischöfe* von Palma. Man erreicht ihn unschwer, wenn man die Hafenseite der Kathedrale umwandert und weiter längs der Wälle, soweit es möglich ist, geht.

An diesem Gebäudekomplex kann man mit etwas Phantasie an den wechselnden Stilen der Bauten gleichsam die ganze Geschichte des Bischofssitzes von Palma ablesen. An der Hafenseite des Palastes sieht man einen Mauerrest und zwei Türmchen gleichsam an den repräsentativen Wänden der Renaissance-Residenz kleben. Dieses Überbleibsel altertümlichen Maurerhandwerks hat fast etwas rührend Komisches, so als habe man damit zum Ausdruck bringen wollen, daß Mauern wohl schon nötig waren, aber doch nicht allzu ernst zu nehmen seien. Bei den späteren Ausbauten, die sich in das 16. Jahrhundert datieren lassen, zeigt sich dann dagegen ein großartigerer Sinn für Repräsentation und das Bewußtsein, daß hier geistige und materielle

Werte zu schützen waren. Heute enthält der Palast eine Gemäldegalerie mit den Porträts mehrerer Bischöfe von Mallorca, vor allem aber eine schöne Bibliothek, in der man mit vorher einzuholender Genehmigung seltene Handschriften aus allen Jahrhunderten besichtigen kann.

In einem bescheidenen Gebäude in einer Ecke des großen Schloßhofes befindet sich eine wichtige Sammlung, das ›Museo Diocesano‹. Hier sind nicht nur Bruchstücke aus alten Kirchen wie gotische Steinbildwerke, Friese, Säulen und Ornamentstücke zu sehen, sondern auch ausgezeichnete Keramiken, Leder- und Metallarbeiten und insulare Fundgegenstände aus der Vorzeit. Ferner gibt es hier Schnitzaltäre und Altarbilder vom 13. Jahrhundert bis zu solchen aus jüngerer Zeit, ja sogar eine berühmte Sammlung japanischer Kunst. Kein Besucher Palmas sollte versäumen, dieses Museum zu besuchen, das durch seine städtebauliche Lage ebenso bemerkenswert ist wie durch die Vielfalt seiner Schaustücke.

Nun führt uns unser Rundgang durch die Stadt weiter in die Gassen des alten Palma, der *Altstadt*, die einst dicht von Mauern umschlossen war. Diese Gassen sind eng und verlaufen noch heute nach demselben Plan, nach dem die Araber sie im 9. und 10. Jahrhundert angelegt haben, wobei sie oft auch deutlich die Umgestaltungen, die man im Mittelalter vorgenommen hat, erkennen lassen. Das ist ebenso in der ›Vila de Baix‹ – in der unteren Stadt –, wie in der ›Vila de Dalt‹ – im höhergelegenen Teil der Altstadt – der Fall.

Dieses Stadtgebiet betrat man von altersher vom Meereswall aus durch die beiden ›La Portella‹ und ›Puerta del Mar‹ genannten Tore. Vielleicht betreten auch Sie am besten dieses Quartier durch das Tor, das

II JO VON KALCKREUTH
Felsen an der Westküste von Mallorca

Gemälde
Im Besitz des Künstlers
(Ausschnitt aus dem Schutzumschlag)

in die Calle Portella führt. Wenn Sie dann an einer imposanten Palast-Fassade vorbei nach rechts gehen, gelangen Sie zum Anfang der Calle Serra. Gehen Sie sie ein paar Schritte entlang, dann werden Sie zu Ihrer Rechten (Nummer 13) den Eingang zu den *Maurischen Bädern* finden. Durch eine kleine metallene Türe und über eine enge Treppe gelangen Sie zuerst auf eine Gartenterrasse. Linkerhand liegen die Bäder. Im Vergleich mit römischen Bädern sind sie zwar klein, dafür zeigen sie den ganzen Luxus, den sich die Reichen und Mächtigen unter den Mauren in diesem ihrem Inselreich gönnten. Das Wasserbecken der Bäder ist zwar heute verschwunden, aber noch immer erinnern die arabischen Säulen und die eleganten Hufeisenbögen, obwohl schon ziemlich verfallen, durch die Anmut ihrer Proportionen an ihre einstige Schönheit. In der Mitte steht eine große Tonamphore aus Römerzeiten. Man hat sie hier aufgestellt, nachdem man sie im Garten bei Grabungen gefunden hatte. Die Bäder wurden im 10. Jahrhundert erbaut und gehören zu den äußerst seltenen Überresten maurischer Kultur, die in Palma zu finden sind.

Die spannende, mit Geschichte gleichsam durchtränkte Atmosphäre dieses Hauses mit den arabischen Bädern mag Ihnen die nötige Stimmung für Ihre weiteren Wanderungen durch die nahegelegenen Gassen dieses Kerns des alten Palma verschafft haben. Obwohl nicht alle Gebäude, die diese engen Sträßchen wie Schutzwälle umschließen, als Paläste gebaut wurden, sind doch viele unter ihnen wirklich solche gewesen. Heute wirken sie in ihrer Abgeschlossenheit und Ruhe fast wie Bollwerke gegen eine Welt, die so anders geworden ist als die, aus der sie stammen. Die älteren Paläste sind zu einer Zeit erbaut worden, als Krieg und Not und Gefahren der Überfälle durch fremde

Räuber ihre Formen bestimmten: sie gleichen Festungen. Die Außenmauern zeigen nur wenig Fenster, und diese sind meist klein und hoch oben unter dem Dachfirst angebracht. Man kann mit einiger Phantasie die ungefähre Bauzeit dieser Paläste an der wachsenden Verwendung von Fenstern ablesen: mit der Zunahme der Sicherheit steigert sich auch diese. Die Festungsmentalität wird allmählich durch den Sinn für bequemes Leben und anmutige Schönheit verdrängt. Sogar Platz für ein paar Bäume, meist Palmen, und für Büsche und Blumen wurde nun eingeplant. Die Durchgänge zu den Höfen wurden gemeinhin überwölbt wie Kapellen und die Gewölbe gewöhnlich von dicken Marmorsäulen mit reich verzierten Kapitellen getragen. Ein elegant geschwungener Metallarm als Eimerträger über der tiefausgeschachteten und sorgsam eingefaßten Wasserquelle im Hof machte den typischen Hausbrunnen zu einem zentralen Schmuckstück. Eine anmutige und oft unterteilte Freitreppe führt auf die zum Hof geöffnete Galerie im oberen Geschoß empor. Der gewölbte Eingang zu diesen ›Patios‹ war immer so gehalten, daß zwei Ritter in voller Rüstung hoch zu Roß nebeneinander hindurchreiten konnten. Nach einer allgemein gültigen Vorschrift mußte der Hof so groß sein, daß er ein ganzes Regiment Infanteristen fassen konnte. Wuchtige Eichentüren, mit Eisennägeln beschlagen oder mit Kupfer verschalt und mit schweren schmiedeeisernen Schlössern verriegelt, verschlossen das Hausinnere gegen alle ungebetenen Gäste.

Nur wenige der älteren Paläste weisen Spuren maurischer Bauweise auf, die meisten sind im Stil gotisch, wobei die jüngeren oft auf den wachsenden Einfluß der italienischen Renaissance hindeuten.

In den Mauern einiger dieser Paläste, aber auch

oft in den Ruinen, die in den ältesten gotischen Stadtgebieten stehen blieben, kann ein geschultes Auge Fenster ausmachen, deren Formen auf byzantinische Einflüsse zurückgehen. Diese drei- und vierteiligen luftigen Fenster heißen im Dialekt Mallorcas ›Coronellas‹ und bildeten ursprünglich glanzvolle Verzierungen an den Wohnhäusern der reichen Kaufleute, die in Palma vor der Eroberung Mallorcas durch Jaime I. mit den Mauren in gutem Einvernehmen lebten.

Sie stammten größtenteils aus Katalonien und trieben häufig auch Handel mit den mächtigen und reichen italienischen Stadtstaaten jener Zeit. Die Sitte, solche Fenster als Zeichen für ihre Stellung im Gemeinwesen zu verwenden, kam gleichfalls aus Oberitalien, aus Städten wie Ravenna. Diese ›Kaufleute‹ waren in Wirklichkeit die Mittelsmänner für die arabischen Piraten, um die schönsten Schätze, die diesen in die Hände gefallen waren, an den Mann zu bringen. Da die Seeräuberei damals als ganz normale Art, Handel zu treiben, galt, waren also auch diejenigen, die für den Absatz der von solchen Expeditionen mitgebrachten Beute sorgten, angesehene ›Kaufleute‹. Solche Fenster – oder Spuren davon – kann man also in Mauern in der Calle Lérida, Calle Paz, Calle Vich, Calle Geltrú, Calle Alfaria und in den Mauern, die einst zu einem Kloster in der Calle Concepción gehörten, noch immer sehen.

Bevor Sie nun weitergehen, sollten Sie wissen, daß viele Bauten, an denen Sie jetzt vorbeikommen werden, im Leben des Ramón Llull eine Rolle gespielt haben. Deshalb sei hier kurz auf sein Leben und seine Zeit eingegangen.

Zu Zeiten König Jaimes II. entstanden viele großartige Prachtbauten in Palma – wie ja auch an anderen Orten auf der ganzen Insel. Die wahrscheinlich schönste Frucht seiner Regierung aber, und wohl auch die bedeutsamste, waren Leben und Bekehrung eines Mannes namens Raimundo Lulio, den man heute als Ramón Llull kennt. Dieser für seine Epoche typische Mann wurde 1235 auf Mallorca geboren. Er war der Sohn eines Edelmannes, der ein enger Freund und Vertrauter König Jaimes I. gewesen war und eine Dame von Stand namens Heril de Catalunia geheiratet hatte. Als ihr Söhnchen acht oder zehn Jahre alt war, drangen die Eltern darauf, daß er Unterricht im Lesen nahm und sich dem Studium der Wissenschaften widmete. Er aber widersetzte sich energisch diesen Gängelungsversuchen und verwandte Zeit und Mühe vielmehr auf die Erlernung des Waffenhandwerks und der Reitkunst.

Dann wurde er Page bei König Jaime II. Dort verstand er es bald, sich erfolgreich von den ihm auferlegten Pflichten zu drücken. Körperlich frühentwikkelt, verfolgte er rücksichtslos die Hofdamen mit unsittlichen Anträgen. Seine Fähigkeiten auf diesem Gebiet genossen aber große Wertschätzung, und schon bald war er der Held vieler Skandalgeschichten.

Seine Eltern hielten in ihrer Bestürzung darüber eine rasche Heirat für das beste Heilmittel und leiteten dementsprechend eine Eheschließung mit einem standesgemäßen jungen Mädchen namens Catalina Labots in die Wege. Doch der einzige Sinneswandel, den diese Heirat in dem jungen Ramón hervorzubringen schien, war, daß er nunmehr seine Aufmerksamkeit auch verheirateten Damen am Hofe zuwandte.

Als er dreißig war, warf er sein ewig begieriges Auge auf eine Frau, die als die Schönste und Tugendsamste von ganz Palma galt. Sie hieß Ambrosia de Castello und war die Frau eines reichen Edelmannes aus Genua. Llulls Leidenschaft für die anscheinend unnahbare Ambrosia wuchs sich bald zur Besessenheit aus. Bei seinen zahllosen amourösen Eroberungen an Erfolg gewöhnt, verfolgte er sie mit wachsender Dreistigkeit. Er lauerte ihr vor ihrem Haus auf, er folgte ihr offen durch die Straßen, jeden Tag in einem anderen bunten Galakostüm, nur um ihre Aufmerksamkeit zu erregen. Umsonst – sie behandelte ihn, als sei er Luft.

Schließlich ritt er in einer letzten verzweifelten Anstrengung, ihre Aufmerksamkeit zu erregen, eines Morgens durch das Schiff der Kathedrale vor den Seitenaltar, an dem sie betete. Dieses unerhörte Betragen ließ es ihr nun doch geraten erscheinen, in dieser Sache etwas zu unternehmen. Sie teilte ihm mit, er möge zu ihr zu einem Rendezvous in den Palast kommen.

Ambrosia empfing ihn allein in einem kleinen Salon. Sie trug sich mit berechneter Bescheidenheit und erklärte ihm, seine Aufmerksamkeiten seien ihrer Meinung nach und in den Augen der ganzen Stadt für sie eine ungeheure Beleidigung. Deshalb bitte sie ihn inständig, seine Zuneigung zu ihr, falls er wirklich Zuneigung verspüre, damit zu beweisen, daß er künftig nicht die geringste Notiz mehr von ihr nähme. Ihm habe sie ihrerseits nichts zu geben als ihre Gebete. Ermutigt durch ihre Freundlichkeit, wollte Llull dringlicher werden. Als er sich auf sie zu stürzen versuchte, erhob sie ihre Hand zu einer tragischen Geste und schrie: »Ich bin ein Paria der Liebe! Der Tod ist mein Liebhaber!« Und mit einer raschen und dramatischen Handbewegung riß sie sich das Gewand vom Busen.

Was er nun erblickte, waren die Verheerungen eines fortgeschrittenen Brustkrebses.

Halbbetäubt vor Schreck, flüchtete er in den Park des Bischofspalastes. Dort ging er auf den Steinplatten auf und ab. Auf einmal vernahm er ganz deutlich die Worte: »Raimundo, folge mir!«, und eine Erscheinung blendete ihn. Wie in Trance suchte er sein Landhaus auf und kurze Zeit darauf dröhnten die Worte aufs neue in seinen Ohren, und es war ihm, als umfange ihn die Herrlichkeit des Himmels, als er allein in einem Winkel seines Gartens stand. Raimundo fügte sich den Worten und folgte der Weisung der sie begleitenden Erscheinung. Er verkaufte alles, was er hatte, und behielt nur soviel, um seiner Frau und seinen Kindern ein Auskommen zu geben. Im Jahre 1266 schiffte er sich nach Barcelona ein. Ein innerer Zwang trieb ihn, das Heiligtum von Montserrat und dann das von Santiago di Compostela aufzusuchen.

Als er nach Mallorca zurückkehrte, war er ein völlig anderer Mensch. Bei seinen Besuchen in Montserrat und Santiago hatte er als seine Lebensaufgabe erkannt, den Mauren das Christentum zu predigen. Bei einem seiner Sklaven nahm er arabischen Sprachunterricht. Eines Tages lästerte dieser Sklave in seinem Beisein Gott. In blinder Wut züchtigte ihn Llull. Daraufhin ergriff der Sklave sein Messer und stach seinen Herrn in die Brust. Llull sah dies als eine Strafe Gottes dafür an, daß er sich zur Wut hatte hinreißen lassen. Er zog sich in die Einsamkeit hoch oben auf einem abgelegenen Berg namens Randa zurück. Von dort aus konnte er den Hafen von Palma und sein ewig geschäftiges Treiben sehen. Das ließ ihn gründlich über die Vergänglichkeit alles Irdischen nachdenken.

Auf dem Berge Randa versenkte er sich ins Gebet und unterwarf sich der Selbstkasteiung. Seine Augen schwammen in Tränen der Reue über sein sündiges Leben, Visionen überkamen ihn. Und immer stärker wurde der innere Drang, sich der Bekehrung der Ungläubigen zu weihen. Als König Jaime II. von dem drastischen Sinneswandel seines früheren, so liebestollen Pagen vernahm, ließ er ihn zu sich kommen. Der Anblick des derart verwandelten Llull, seine Beredsamkeit und seine tiefe Lauterkeit machten einen großen Eindruck auf den König. Er fragte ihn, wie er ihm bei der Verwirklichung seines Herzenswunsches, die Mauren zu bekehren, helfen könne. Llull brachte seine Bitte vor, ihm eine Schule zur Unterweisung junger Mönche einzurichten. Er wolle sie im Arabischen unterweisen, damit sie Christi Wort den Ungläubigen predigen könnten. Der König gewährte die Bitte. Llull erhielt ein Stück Land aus königlichem Besitz mit dem Blick aufs Meer als Grundstock der Priesterschule verliehen, die Stelle, wo heute ›Miramar‹ steht. Außerdem bekam er eine Summe Geldes zur Verfügung, die es ihm erlaubte, dreizehn Mönche davon zu unterhalten. Als die Schule fertig war, oblag Llull selbst viele Stunden des Tages dort seinen Studien und schrieb Traktate über die Geschichte seiner Erleuchtung sowie über theologische und philosophische Themen. Seine Schule erreichte allerdings das Ziel, das er sich gesteckt hatte – die Ausbildung einer Gruppe arabischsprechender Missionsmönche –, nicht.

Llull ging dann nach Rom. Nachdem er hier einige Zeit verbracht hatte, wandte er sich nach Paris und trat dort in Beziehung zu Duns Scotus, mit dem er lange Zeit über ihre verschiedenen Lebenseinstellungen und andere philosophische Fragen diskutierte. Doch litt er weiter derart unter seiner inneren Getriebenheit, daß er oft die Herrschaft über sich verlor. Von Paris ging er 1290 nach Montpellier. Nach kurzer

Zeit fühlte er sich dort weiter fortgerissen auf der Bahn, die ihn zum Ziele führen sollte. Er ging nach Genua und alsbald an Bord eines Schiffes, das ihn nach Tunis bringen sollte.

In Tunis predigte er die Lehren Christi in den Straßen des Bazars. Dafür wurde er immer wieder festgenommen und ausgepeitscht. Schließlich zog er nach Armenien und weiter ins Heilige Land. Als er nach Westeuropa zurückkehrte, hatte er sich zur neuen Lebensaufgabe die Befreiung Jerusalems gesetzt. Nun begann er, für einen Kreuzzug zu werben. Nach einiger Zeit aber kam er zu der Überzeugung, daß ihm darin kein Erfolg beschieden war, und ging wieder nach Paris zurück, um an der dortigen Universität seine Auffassung vom Christentum zu lehren. Und wieder überkam ihn die Unrast. Im Jahre 1314 ging er nach Ägypten und von dort aus wieder ins Heilige Land. Noch im selben Jahre verließ er es erneut und machte sich nach England auf, wo er physikalische Studien trieb.

Als er auf die achtzig ging, wurde er von einem immer unwiderstehlicher werdenden Drang nach dem Märtyrertod ergriffen. Wieder bestieg er ein Schiff nach Tunis und wanderte von dort nach Bugia. Hier begann er, auf offener Straße zu den Arabern zu predigen und forderte sie auf, ihre falschen Propheten zu verlassen und den Worten Christi zu folgen. Der wütende Mob ergriff ihn, zerrte ihn vor die Stadttore und steinigte ihn dort zu Tode.

Nach einer anderen Version dieser Steinigung soll sein Körper, als man ihn schon für tot gehalten hatte, noch Lebenszeichen von sich gegeben haben. Ein Kaufmann aus Genua namens Etienne Columbo, brachte ihn in Sicherheit und trug ihn an Bord eines Schiffes, das auf seine Anordnung sofort in Richtung Spanien auslaufen mußte. Nach dieser Version soll Llull erst an Bord des Schiffes gestorben sein.

Gleichviel wo immer Llull starb – er hatte den ersehnten Märtyrertod gefunden. Schließlich wurde sein Leichnam in seiner Heimatstadt Palma zur letzten Ruhe gebettet, in der Kirche San Francisco. Noch heute ist das Andenken an Ramón Llull auf der ganzen Insel lebendig.

Nachdem wir also die Maurischen Bäder besichtigt haben – wir stehen noch immer vor ihrem Eingang in der Calle Serra –, wenden wir unsere Aufmerksamkeit nunmehr dem Hause Nummer 17 und seinem Patio zu. Es ist der von den Grafen *Santamaria de Formiguera*, die mit Jaime I. auf die Insel gekommen waren, erbaute Palast. Sie erhielten damals ein großes Stück Land zwischen den Orten Muró und Santa Margarita verliehen. Wie man gleich sehen wird, ist es ein riesiger Palast von strengen Linien mit nur wenigen Konzessionen an das Ornamentale. Der Hof ist ursprünglich gotisch, weist aber schon ein paar flüchtige Renaissance-Elemente auf, die zur damaligen Zeit beliebt wurden.

In diesem Palast kam der zweite Graf de Formiguera, Don Ramón, zur Welt, der als der ›Böse Graf‹ bekanntgeworden ist. Er lebte zur Blütezeit der wilden Fehden in der Stadt und nahm energisch daran teil. Seinen schlechten Ruf aber verdankt er seinen Anstrengungen zur Wiederherstellung der Lehensrechte, die Jaime I. seiner Familie gewährt hatte. Sie waren von neuen Gesetzen im 15. Jahrhundert aufgehoben worden, und nun wollten sich die Leute auf seinen Ländereien nicht wieder zu Vasallen degradieren lassen. So riefen sie die Gerichte um Hilfe an. Der Graf dagegen engagierte sich Mörder, um die Leute einzuschüchtern. Unter den so Ermordeten war ein gewisser Baltasar Calafat, ein ehrenwerter und tatkräftiger Bürger der Ortschaft Santa Margarita. Der Mord geschah am 24. November 1647, und die Empörung darüber war so groß, daß sich der Graf in die Berge bei der abgeschiedenen Ortschaft Galilea flüchten mußte. Über seine Taten kamen abenteuerliche Geschichten in Umlauf. Viele davon wurden vertont und werden in dieser Inselgegend noch heute von den Bauern gesungen. Nach dem Tode des Grafen gingen noch viele Jahre lang Gewalt und Unterdrückung auf seinen Familien-Gütern weiter.

Dieser Palast wurde in weitaus friedlicheren Zeiten, nämlich in der zweiten Hälfte des 19. Jahrhunderts, von dem Erzherzog Ludwig Salvator von Österreich bewohnt, wenn er in Palma war. Dieser wahre Grandseigneur liebte die Insel so sehr, daß er weite Teile des Landes, besonders im Nordwesten, aufkaufte. Auf diese Weise rettete er die berühmten alten Ölbaumhaine, die heute das Entzücken aller Besucher der Insel bilden. Sie sollten wegen angeblicher ›Überalterung‹ vernichtet werden, aber der große Naturfreund ließ sie nur lichten und die schönsten Exemplare blieben erhalten. Inmitten all dieser landschaftlichen Schönheiten errichtete er sich ein einfaches Haus, dem er den Namen ›Miramar‹ gab. Hier lebte er wie ein Bauer viele Jahre, ganz der Pflege seiner Ländereien und der Erforschung der Balearen hingegeben. Die Frucht dieser langjährigen Arbeit ist ein gewaltiges Werk über die Inseln, das er selbst auch mit vielen Zeichnungen und Aquarellen versah. Es erschien zuerst in zehn mächtigen Foliobänden, denen eine handlichere Ausgabe in zwei Bänden im Jahre 1897 folgte. Es ist erstaunlich, was dieser grundgelehrte Mann in Wort und Bild über die Balearen festgehalten hat. Vieles hat sich nur durch seine Forschungstätigkeit und seinen Sammeleifer in das Gedächtnis der Gegenwart hinübergerettet. Nicht nur Landschaftsbilder oder bauliche Details hat er ausführlich beschrieben und gezeichnet, sondern vor allem auch eine Fülle von Gegenständen des täglichen Gebrauchs der Landbevölkerung: Geräte für die Landwirtschaft, die

Fischerei, den Weinbau und dergleichen mehr. Manches davon ist heute noch hie und da auf den Balearen zu finden, die Töpferei zum Beispiel und das Flechtwerk oder die Schmiedearbeiten, aber man muß doch schon sehr suchen, bis man all das findet, was der mallorcabesessene Erzherzog noch überall gesehen und der Nachwelt überliefert hat. Sein Andenken ist heute noch auf der Insel lebendig und seine offenbar etwas schrullige Persönlichkeit lebt, besonders auf dem Lande, noch in manchen Anekdoten fort.

Eine Querstraße von der Calle Serra ist die Calle Pureza, die an der Calle Pont y Vich vorbei zur Calle Morey führt. Wir schwenken rechts in diese Querstraße ein und finden bei Nummer 33 den *Palacio Oleza*, einen der ansehnlichsten von Palma und noch ganz in seiner ursprünglichen Struktur belassen, die durch mehrere Baustile von der Spätgotik bis zum Barock hin geprägt wird. Der Patio weist alle die typischen Merkmale von der gewölbten Eingangshalle bis hin zur balustradenbewehrten Galerie auf, die wir beschrieben haben. Die inneren Räume sind kostbar ausgestattet, und zwar zum großen Teil mit Möbeln aus dem 18. Jahrhundert. Hier findet man schöne Zusammenstellungen von Tapisserien, Glas und Keramik. In der Privatkapelle befindet sich ein herrlicher gotischer Altaraufsatz.

Nunmehr biegen wir nach links ab und gehen die Calle Miramar hinunter und wieder zum Seewall. In Nummer 26 findet man einen schlicht-bescheidenen Patio; er ist zwar weitgehend modernisiert, doch immer noch geht von dem anmutig geschwungenen Torbogen das alte Flair von Behaglichkeit aus. Auf diesen Straßen gelangen wir wieder zu den Schutzwehren hinaus, von wo aus in früheren Tagen die Bewohner der umliegenden Quartiere von Zeit zu Zeit die Signale des Leuchtturms von Porto-Pi, die die Ankunft der Postboote vom Mutterland ankündigten, beobachten konnten.

Um den Bischofspalast herum wandern wir nun über den Beginn der Calle Palau hinweg hinein in die Calle San Bernardo. Hier steht die kleine Kapelle *San Pedro und San Bernardo*. Sie hat eine hübsch verzierte Fassade. Diese Straße hat lange den Namen Calle de Hospitalet getragen, weil dort in Nummer 1 am 23. November 1501 ein Hospital für arme und leidende Priester gegründet wurde. Es wurde von der Bruderschaft von San Pedro und San Bernardo betrieben, die schon um 1430 gegründet worden war und noch heute existiert. Sie gehört zu den ältesten der Stadt. Papst Paul IV. und Papst Pius II. gewährten ihr päpstliche Vorrechte. Der Palast mit der Nummer 3 enthält die Kapelle der Bruderschaft. Seine Fassade ist barock und bekannt für ihre handgeschnitzten Figuren. Der Hof ist heute umgebaut, weist aber immer noch die traditionellen Elemente mallorquinischer Gestaltung auf. In Nummer 5 dieser Straße finden Sie einen weiteren, völlig andersgearteten Typ eines Patio: er ist schlicht und rein zweckmäßig gestaltet.

Wenden Sie sich nun nach links und gehen die Calle San Roque bis zur Nummer 8 hinauf. Dieses Gebäude nennt sich heute das *Estudio General Luliano*. Hier werden viele Einheimische unterrichtet, und Jahr für Jahr besuchen mehr ausländische Studenten diese Schule. Anfangs hieß das Institut ›Luliana-Schule‹ und viel später, im 18. Jahrhundert, ›Königliche und Bischöfliche Universität des Königreichs Mallorca‹.

Die Konstituierung dieser Schule, die länger als drei Jahrhunderte von außerrodentlicher Bedeutung gewesen ist, war das Werk einer Katalanin namens Beatriz

Pinós. Sie war eine große Verehrerin der Lehren des Ramón Llull. Als sie die Schule gründete, fanden diese Lehren noch keinen sonderlichen Anklang. Ihre Bemühungen waren deshalb voller Hingabe und Wagemut. Wie dieses Gebäude, so lebt die Schule überhaupt in weitem Ausmaß von ihrer ehrwürdigen Vergangenheit.

Wenn Sie nun denselben Weg wieder zurück und die Straße entlang gehen, die um die Kathedrale und ihre Nebengebäude herumführt, so finden Sie in den imposanten Gebäuden rechts und links dieser Straße schöne Geschäfte und Kunstläden. Viele der dort ausliegenden Stücke würden so mancher privaten Sammlung oder kleinem Museum zur Zierde gereichen. Hier können Sie auch die geschmackvollen für die Insel typischen Volkskunstprodukte: Keramik, Töpferwaren, Kacheln, Glas, Textilien, Webwaren, wirklich alles, was Kunsthandwerker aus Kultur und Material Mallorcas zu machen wissen, erwerben.

Inzwischen sind Sie wieder auf der von Kathedrale und Almudaina-Palast flankierten Plaza Almoina angelangt. Um sich von diesen beiden mit der mallorquinischen Geschichte der letzten tausend Jahre durchtränkten Stätten wieder den Zeugen aus Palmas frühmittelalterlichen und Renaissance-Tagen zuzuwenden, setzen Sie Ihren Weg nach der Plaza Santa Eulalia fort. Kommt man in die Calle General Goded, zeigt links ein Blick in die italienisch anmutende Treppenflucht zur Plaza Reina und zum ›Borne‹ hinunter die alles überdauernde Vitalität der Stadt. Diese Gegend werden wir uns später genauer ansehen, und zwar wegen der Sehenswürdigkeiten der ›unteren Stadt‹ aus früheren Zeiten und wegen all der bemerkenswerten Attraktionen, die die Läden, Cafés, Bars und Restaurants hier zu bieten haben.

An einer Seite des hübschen Gartenbezirks, dort, wo die Treppe oben endet, steht, anschließend an ein langgestrecktes, arkadenartiges Gebäude vom Ende des vergangenen Jahrhunderts, ein moderner Palast namens Palacio March. Der Mittelbau ist Sitz des aristokratischen Clubs der Stadt, des ›Circulo Mallorquin‹.

Von der Calle General Goded aus empfiehlt sich ein Abstecher nach rechts in die Calle Almudaina. Hier stehen, zu beiden Seiten der engen, krummen Gasse, drei der eindrucksvollsten alten Adelspaläste, und zwar in Nummer 8 die *Casa Oleo* und nebeneinander auf der gegenüberliegenden Straßenseite weiter oben die *Casa Truyols* und die *Casa Villalonga.* Der in den Patio des Palastes in Nummer 13 hineinführende Bogengang hat heute noch die typisch arabische Hufeisenform. Die Säulen im Patio stammen aus der Renaissance-Zeit, allerdings ohne ein Übermaß an Zierat aufzuweisen. Die Fenster des Palastes sind in einer für die Periode ihrer Entstehung typischen Art reich dekoriert.

Die Straße findet ihren Abschluß in dem berühmten arabischen Torbogen. Wenn auch nicht viel von ihm übriggeblieben ist, so vermittelt er doch immer noch eine Ahnung davon, wie diese Gegend zur maurischen Blütezeit ausgesehen haben muß. Hier verlief einer der inneren Festungswälle der ›Medina Mayurka‹, wie der maurische Name der Stadt lautete. Zuerst kam der Wall, der den Königlichen Palast des Emirs einschloß, dann der, der analog der jetzigen Straße verlief. Der dritte Wall umschloß das Gebiet, das als Almudaina de Gomera bekannt ist. Der einzige noch heute erkennbare Überrest dieser Wälle ist der arabische Torbogen.

Gleich dahinter überquert die Calle Moray, in deren unterem Abschnitt der Palacio Oleza, den wir schon besuchten, steht, die Calle Almudaina. Wenn Sie links abbiegen – der Weg führt Sie weiterhin zwischen edlen Fassaden hindurch –, finden Sie in Nummer 40 ein Schild, das den Sitz der Druckerei Guasp anzeigt. Sie wurde 1579 gegründet und gehörte bis vor wenigen Jahren derselben Familie, die sie übrigens noch heute betreibt. Jetzt kann man die alten Pressen und eine Ausstellung der alten Druckstöcke in der Kartause von Valldemosa besichtigen. Wir werden sie später besuchen.

Die Calle Moray endet an der unteren Ecke der Plaza der Kirche von *Santa Eulalia*, der Pfarrkirche von Palma. Erbaut im 13. und 14. Jahrhundert, ist sie zu Anfang unseres Jahrhunderts weitgehend umgestaltet worden. Sie enthält mehr religiöse Bilder als die meisten anderen Hauptkirchen der Stadt. Man betritt sie durch drei gotische Tore. Das Haupttor stammt von Lorenzo Ferrer.

Der Hauptaltar zeugt von der etwas zu üppig wuchernden spanischen Barockphantasie seines Schöpfers, doch gibt es auch ein paar äußerst feine und maßvolle gotische Nebenkapellen. Der Aufsatz auf dem Hauptaltar ist ein Werk des Malers Gregorio Herrera aus dem Jahre 1749. In einer Nebenkapelle steht ein spätgotischer Altaraufsatz aus dem frühen 15. Jahrhundert mit den Figuren der heiligen Apollonia, der heiligen Barbara, der heiligen Lucia und des heiligen Blasius. In der Christus-Kapelle befindet sich ein ›Salvator Mundi‹, laut Inschrift von Francesco Comes, aus dem frühen 15. Jahrhundert und ein schöner ›Marientod‹ der gleichen Zeit. In der Hauptkapelle hängt ein Bild der ›Nuestra Señora del Genfalón‹ von Carlo Maratta sowie von Guillermo Mesquida Porträts der Heiligen Bartholomäus und Innozenz. In der Kapelle von San Eloy ist ein Relief mit der Geburt Christi von

Rafael Blanquer zu finden und an den Wänden des Mittelschiffs sieht man Bruchstücke von alten Retabeln; ein besonders bemerkenswertes mit der Darstellung der schlafenden Jungfrau stammt aus dem 15. Jahrhundert.

Alle vom Chor dieser Kirche ausgehenden Straßen sind von großem Interesse. Um beim Studium alter Paläste zu bleiben, geht man am besten die Calle Santo Cristo auf der rechten Straßenseite hinunter bis zur Calle Zavella. Rechts und links von dieser Straße stehen fast lückenlos vornehme Paläste aus dem 18. Jahrhundert. In Nummer 6 bilden die beiden eindrucksvollsten den hochgerühmten *Vivot-Palast.* Der Hauptbau wurde für den damaligen Marqués de Vivot und der andere für seine Mutter, Doña Margarita Villalonga, errichtet. Der herrliche Patio nimmt fast einen ganzen Häuserblock in dieser Straße ein. Er wurde, wie auch die Paläste selber, ursprünglich im gotischen Stil erbaut und dann in der Renaissance- und Barockzeit umgebaut. Der erste Bauabschnitt begann 1230. Im Hof stehen zwei alte Wagen, die früher von Maultieren gezogen worden sind. Einer davon ist über zweihundert Jahre alt. Der Palast ist heute größtenteils ein Museum, in dem all das gesammelt ist, was zum Leben der reichen Adelsfamilie gehörte, in deren Besitz er die ganze Zeit gewesen ist. In den oberen Stockwerken reihen sich Räume aller Größen schier endlos aneinander, von großen Sälen bis zu verhältnismäßig bescheidenen Schlaf- und Wohnzimmern. In dem einzigen Schlafzimmer, das zur Besichtigung freigegeben ist, kann man ein Himmelbett sehen, das 1815 von König Ferdinand VII., als er die Insel besuchte, dem Marqués de Vivot geschenkt wurde, als er den Marqués nach einem großen Sieg dorthin begleitet hatte. Viele Könige und Prinzen, die die Insel besuchten, wurden hier empfangen. Der letzte war Alfons XIII., Spaniens letzter König.

Die Geschäfte der Familie wurden in der zu ebener Erde gelegenen Loggia abgewickelt. Dort empfing der Hausherr Kaufleute und Handwerker. In den Tagen des blühenden Überseehandels der Insel waren viele Ausländer darunter.

Gehen wir die Calle Zavella weiter, so kommen wir bei Nummer 31 zum *Palast der Familie Zavella*, von der die Straße ihren Namen hat. Ein Mitglied dieser Familie, Don Juan Antonio de Boxadors, Conde de Zavella, wurde auf der Insel durch die Rolle bekannt, die er im Spanischen Erbfolgekrieg spielte. Als Erzherzog Karl von Österreich, der zweite Sohn Kaiser Leopolds I., in der Meinung, mehr Anrecht auf den spanischen Thron als der Bourbone Philipp V. zu haben einen Krieg um die Thronfolge begann, war die Insel Mallorca wie auch das ganze Spanien in zwei Parteien gespalten. Der Krieg dauerte bis 1716. Wie viele Patrizierfamilien schlug sich der Conde de Zavella, Juan Antonio, auf die Seite des österreichischen Prätendenten. Am 25. September 1706 gingen ein englisches und ein holländisches Geschwader unter dem Befehl von Admiral Leake im Hafen von Palma vor Anker. Im Namen des Österreichers, Carlos III., forderte er die Übergabe der Insel. Doch die Inselregierung und die Partei der Philipp V. ergebenen Edelleute weigerten sich zu kapitulieren. Da sie aber keine Unterstützung von der Armee erhielten, mußten sie nach drei Tagen aufgeben. Don Juan Antonio, Conde de Zavella, konnte beweisen, daß er der Emissär Carlos' III. war und empfing Treuegelöbnisse von der Mehrheit der mallorquinischen Aristokratie. Am 4. Oktober 1706 nahm er die Insel im Namen des Österreichers in Besitz. Dann führte er blutige Vergeltungsmaßnahmen gegen die Familien durch, die Philipp V. unterstützt hatten. Am 13. Juni 1715 jedoch ging vor Bañalbúfar ein französisches Geschwader vor Anker und forderte seinerseits die Auslieferung der Insel an Philipp V. Zwar leisteten der Conde de Zavella und seine Anhänger erbitterten Widerstand, doch drangen am 11. Juli 1716 die Invasionsstreitkräfte unter Führung von General Aspheld in Palma ein und ergriffen im Namen Philipps V. von der Insel Besitz.

Wenn Sie die Calle Zavella weiter entlanggehen, stoßen Sie an ihrem Ende auf die Calle Samaritana, die sie kreuzt. Gehen Sie sie hinauf und schauen Sie sich das Haus Nummer 8 an. Sein Patio ist fast reine Renaissance, sehr gut erhalten und nahezu unbekannt. Wieder einmal bemerken Sie hier alle wesentlichen Elemente eines mallorquinischen Patio, darunter die Loggia und den offenen Balkon, auf dem der Hausherr seine Geschäftsfreunde empfangen konnte, ohne sie in die private Sphäre seines Palastes einlassen zu müssen. Am rückwärtigen Teil des Hofes führen fünf Stufen zur Tür des ›Estudiet‹. Dies war früher ein kleiner Raum, in dem fast immer ein Silberschmied seine Werkstatt hatte und das reichverzierte Silberzeug der Mallorquiner herstellte. Oftmals war es ein getaufter Jude.

Erinnern wir uns daran, wenn wir nunmehr unsere Schritte zu dem Platz hinter der Kirche Santa Eulalia zurückwenden und in eine ganz andere Atmosphäre eintauchen: wir betreten jetzt eine schmale Gasse namens ›Plateria‹. Die Calle de la Plateria bildet mit den anderen Gassen ringsum das Herz des jüdischen Gettos. Die meiste Zeit seines Bestehens wurden beide Zugänge jeder dieser Gassen des Nachts verschlossen und verriegelt. Hier lebten und arbeiteten die jüdischen Juweliere und Silberschmiede, sie waren die besten

Kunsthandwerker der Insel. Unter den künstlerischen Gegenständen, die sie verfertigten, waren die ›Payesses‹, Spezialknöpfe, wie sie die Landfrauen trugen, und ähnliche, doch mit kostbaren Steinen besetzt, wie sie die Damen der Paläste kauften. Traditionsgemäß lag, wie früher in Byzanz, das Silberschmiedehandwerk in den jüdischen Händen. Sie waren mit den Mauren gekommen.

Heute säumen noch immer Juweliergeschäfte diese Gasse. Neben modernen Arbeiten aus Gold und Silber kann man in ihren Auslagen noch solche Beispiele weiblichen Schmucks sehen, wie sie hier einmal sehr gefragt waren: außer Abendtaschen aus Gold- und Silberfiligran auch ›Cordoncillos‹, sehr feine und dabei feste Ketten, die zur Befestigung von Fächern an den Gewändern der Damen dienten. Überdies findet man hier in der Calle de la Plateria und in einigen Parallelstraßen außer echten antiken Stücken auch gut gemachte Reproduktionen von Broschen und Medaillons ägyptischer und phönizischer Herkunft.

Der Weg zurück in die Welt des Handels führt die Calle Sindicato hinauf, die vom Abschluß dieses früheren Getto-Bezirks ausgeht. In dieser Straße ist jeder Fahrverkehr untersagt, König ist hier der Einkaufsbummler, der zu Fuß unterwegs ist. Die Läden rechts und links dieser Straße sind die anspruchslosesten der Stadt. Hier deckt die große Masse der Einwohner, die für ihr Geld den vollen Wert haben will, ihren Bedarf. Diese Läden machen erst gar nicht den Versuch, touristische Laufkundschaft zu ködern oder jenen Käufertyp, der sich an einer schicken Adresse orientiert.

Das obere Ende der Calle Sindicato mündet in einen kleinen Platz, von wo aus man bequem die gezackte Linienführung der ›Avenidas‹ erreichen kann, die an dieser Seite der Stadt dem Verlauf der alten Stadtmauern folgen. Die größte Attraktion, die dieser Bezirk der ›Avenidas‹ dem Fremden zu bieten hat, ist der jeden Samstagvormittag hier stattfindende Bazar. Etwa auf der Mitte der Avenida Alejandro Rossello wird alles an Waren feilgeboten, was sich für einen Markt nur denken läßt: von Haushaltswaren über Kleider und Schuhe bis zu landwirtschaftlichen Produkten der Umgebung. Ein Extra-Abschnitt ist dem ›Flohmarkt‹ vorbehalten. Er ist fast völlig in den Händen der Insel-Zigeuner. Woche für Woche findet man dort Dinge vom phantastischsten Trödel bis zu Stükken, die mancher wertvollen Sammlung würdig wären.

In die moderne City kommt man über eine Seitenstraße zurück, die parallel zur Calle Sindicato zur Plaza Mayor verläuft. Auf dieser Plaza liegen, eins neben dem anderen, Restaurants, die typisch mallorquinische oder spanische Speisen zu Preisen, die dem Standard des Viertels angemessen sind, anbieten. Vom unteren Ende der Plaza führen zwei interessante Wege zurück in Richtung auf den ›Borne‹. Der eine davon führt am Teatro Principal die Stufen zur Plaza Weyler hinab. An dieser Treppe halten kleine Läden all das feil, was Touristen gern als Souvenirs mitzunehmen pflegen. Weiter geht es die Avenida General Mola hinunter zur Plaza Pio XII. und zum oberen Ende der breiten Promenade des ›Borne‹, vorbei an Geschäften und Galerien, wie sie in Typ und Stil jedem Besucher der südlichen Zonen Europas vertraut sind. Auf der gegenüberliegenden Seite liegt ein weiterer Bereich des mittelalterlichen und des Renaissance-Palma, den wir uns für später aufheben wollen.

Die andere Möglichkeit, von der Plaza Mayor zum ›Borne‹ zu gelangen, besteht darin, die Calle Jaime II. hinunterzuschlendern und weiter über die Calle San

Nicolás und die daran anschließenden Straßen. In diesen Straßen reiht sich Geschäft an Geschäft, nur daß die hier erhältlichen Dinge in Preis, Ausführung und Qualität denen in den Läden der Calle Sindicato weit überlegen sind. Auch diese Straßen sind größtenteils reine Fußgängerzonen und somit ideal für jeden, der gern einen Einkaufsbummel macht oder sich auch nur die Schaufenster ansehen möchte.

Inmitten der Calle *San Nicolás* steht die gleichnamige Kirche. Sie ist nicht groß, enthält jedoch viele Dinge von beachtlichem Interesse, von reiner Gotik über Renaissance bis zum Barock. Das Gebäude stammt vorwiegend aus dem 17. Jahrhundert, einige Teile aber noch aus dem 14. Jahrhundert, wie einer der Türrahmen von 1513. Beherrscht wird diese Kirche des inneren Stadtbereichs von dem Gemälde der heiligen Jungfrau über dem Hauptaltar. Es wurde von Pedro J. Obrador im 18. Jahrhundert gemalt.

Die Calle San Nicolás bildet zusammen mit den angrenzenden Straßen, wie der Calle Brondo und der Calle Quint, das Zentrum dessen, was man heute als ›Via Commercial‹ anspricht. Im allgemeinen trifft das jetzt in der Tat zu, doch befanden sich hier früher die Wohnsitze der insularen Aristokratenfamilien, wie der Verins, der Brondos und der Puigdorfilas, deren Namen viele Straßen in diesem Bezirk tragen. Ihre gotischen Paläste fielen im 19. Jahrhundert einer großen Überschwemmung zum Opfer, als der damals entlang dem heutigen ›Borne‹ verlaufende Fluß über die Ufer trat. Der einzig übriggebliebene rein gotische Palacio dort ist das Gebäude Nummer 20 in der Calle San Nicolás. Es hat einen unauffälligen Patio, doch die Innenräume und das schöne Mobiliar werden von der Familie Verins gut instandgehalten.

Am Ende der engen und gewundenen Gassen der

Via Commercial weitet sich der prächtige, von Bäumen gesäumte ›Borne‹, offiziell Paseo Generalisimo Franco genannt, an jedem Ende begrenzt von zwei schönen Plazas: der Plaza Pio XII. und der Plaza Reina. Früher verlief hier das Flußbett der Riera. Bis ins 17. Jahrhundert gab es nur zwei breite Fußwege an jeder Uferseite. Dort hatten einige der reichsten Familien von Palma ihre Wohnungen. Auch fanden hier Turniere statt. Davon leitet sich auch der geläufige Name dieser Straße her: ›borne‹, was soviel wie Lanzenspitze bedeutet. Aber auch andere, weniger amüsante Ereignisse haben hier stattgefunden. 1581 und 1645 hielt man hier Autodafés ab: die Inquisition richtete und verbrannte Ketzer auf dem Scheiterhaufen. Im Jahre 1620 unternahm man die ersten Anstrengungen, den Fluß umzuleiten, doch erst in jüngster Zeit gelang das völlig. Heute liegen an dieser kurzen, doch geräumig wirkenden Promenade Reisebüros, Läden und einige der international beliebtesten Cafés der Innenstadt. Hier haben auch die Schuhputzer ihre Stände. Trotz der Tatsache, daß so viele Touristen durch diese Straße strömen, hat sie doch den Charakter eines auch von den Einwohnern bevorzugten Tummelplatzes bewahrt. Unter den domartigen Bögen der riesigen, schattigen Platanen an den Straßenrändern schlägt der Puls der Stadt mit nur leichten, jahreszeitlich bedingten Abweichungen.

Bevor wir nun einen Blick in die vom oberen Ende des ›Borne‹ an der Plaza Pio XII. abzweigenden Straßen werfen und bevor wir uns dem Zauber der in den Bauwerken gleich westlich davon fortlebenden Erinnerungen überlassen, wollen wir noch einen kleinen Abstecher in die obere Stadt machen. Er wird uns zu der Kirche San Francisco mit ihren Kreuzgängen und zur Kirche Montesión führen. Ausgehend vom unteren

Ende des ›Borne‹ bahnen wir uns den Weg durch den kleinen Park an der Plaza Reina, werfen einen Blick auf die grotesken, grottenähnlichen Figuren, die wie ein Jugendstil-Traum seine Ränder säumen, gehen die Calle Conquistador hinauf bis zur Calle Victoria, wobei wir uns an der Plaza Cort links halten, um dann noch einmal in die Plaza Santa Eulalia einzubiegen.

Dort, wo die Calle Conquistador mit der Calle Victoria zusammenstößt und wo in der Nähe reizvolle Treppchen in die untere Altstadt hinunterführen, halten zwei große Läden je einen Typ von kunstgewerblichen Gegenständen zum Verkaufe feil, deren Herstellung auf der Insel eine lange Tradition hat. Der eine bietet Artikel aus Schmiedeeisen an, Dinge, die von einem auf Mallorca seit zahllosen Generationen geübten handwerklichen Können zeugen, der andere ist ein Verkaufsraum der Glasfabrik ›Gordiola‹. Die Fabrik selber kann man – und sollte man – am Seewall direkt unter dem Stadttor Portella besichtigen, demselben Tor, durch das wir in die Calle Portella und die Calle Serra gelangt sind. In diesem Verkaufsraum kann man ebenso wie draußen in der Fabrik alle Formen und Farben der Glasbläserkunst sehen.

Wenn Sie auf die Plaza Cort, das Zentrum der Altstadt Palmas, zurückgehen, bemerken Sie zu Ihrer Rechten ein eindrucksvolles Gebäude, das *Rathaus*, das den Platz mit einer in stumpfem Winkel geknickten Front einfaßt. Leider kommt die edle Würde dieses schönen Amtsgebäudes nicht so zur Geltung wie sie es verdiente, weil einem die Gesamtsicht auf den Bau durch den mangelnden Abstand fast völlig genommen ist. Obwohl man es, um es aus seiner bedrängten Lage wenigstens halbwegs zu befreien, über Eck gestellt hat, kann man die Ausgewogenheit seines Aufbaus nur als Teile eines Ganzen und nicht als das

Ganze selbst in sich aufnehmen. Der charakteristischste Zug dieses Bauwerks ist das kunstvoll verzierte, auf weitausladenden Konsolen ruhende Dachgesims, das die im 17. Jahrhundert vollendete Renaissance-Fassade abschließt.

Unter den vielen Gemälden, Manuskripten und sonstigen Dingen, denen man im Inneren des Gebäudes einen Ehrenplatz eingeräumt hat, nimmt den ersten Platz zweifellos ein Bild des heiligen Sebastian, des Schutzheiligen von Palma, ein. Man vermutet darin ein Werk von van Dyck. Gleich danach rangiert das ›Libre de Privilegis del Regne de Mallorques‹, das kunstvoll mit Miniaturen geschmückte Gesetzbuch der Könige von Mallorca, das 1334 von Romeu des Poal in Lateinisch und Katalanisch verfaßt und geschrieben wurde. In den Gängen hängen Porträts und Landschaften vorwiegend aus dem 17. Jahrhundert.

Wir kehren nun geradenwegs auf die Plaza Santa Eulalia zurück, überqueren sie und schlagen die Straße direkt vor uns, die Calle Reines, ein. Und wieder sind wir inmitten von Mauern, verzierten Fenstern und den Hofeinfahrten alter Paläste. Diese Straße mündet in die Plaza San Francisco, und von dieser Stelle aus hat man die bestmögliche Sicht auf die Kirche, der unser nächster Besuch gilt.

Wenn auch unter den Kirchen Palmas der großen Kathedrale in jeder Hinsicht der Ehrenplatz gebührt, so kann die Kirche *San Francisco* neben ihr, sowohl was ihre architektonische Bedeutung wie ihre Beliebtheit bei der Bürgerschaft anlangt, durchaus bestehen. Geplant und in Auftrag gegeben hat sie König Jaime II. zum liebevollen Andenken an seinen ältesten Sohn, der Franziskanermönch geworden war. Die Bauarbeiten begannen gegen Ende des 13. Jahrhunderts, der Grundstein wurde feierlich am 31. Januar 1281 gelegt. Später kamen die Kreuzgänge dazu. Sie verbinden die Kirche mit dem ganzen Komplex der Klostergebäude, die sich vom Beschauer aus, wenn er vor dem Portal steht, nach rechts hin erstrecken. Auch sie verdienen unsere vollste Bewunderung.

Zwar gibt es in Palma viele Kirchen mit der gleichen architektonischen Grundkonzeption, doch nicht eine kann es an Ausgewogenheit der Proportionen mit dieser aufnehmen. Das in seiner Massivität typisch spanische Schmuckwerk des Portals würde vielleicht drückend und überladen erscheinen, wenn die sorgsam berechnete leere Fläche der schmucklosen Fassade, die es umgibt, ihr kein Gegengewicht böte, zumal sie sich zu einer Höhe erhebt, in die sich die schwere Masse dieses Hauptportals geschmeidig einfügt. Darüber nimmt ein rundes reichverziertes Fenster die Aufmerksamkeit des Beschauers dergestalt in Anspruch, daß er, wie es der Absicht und Vorstellung des Architekten entsprochen haben mag, die Stirnseite der Kirche in ihrer ganzen Größe gleichsam mit einem Blick in sich aufnimmt. Es war der Bildhauer Francisco Herrera, von dem dieses ungewöhnliche Werk stammt. Er hat es Ende des 17. Jahrhunderts geschaffen.

Warum der Bildhauer-Architekt zu dieser merkwürdigen Gestaltung der Fassade, dem langen hohen Rechteck mit der Betonung einer Mittelachse durch Portal, Reiterfigur und Fensterrose, gekommen ist, wird dem Beschauer sofort klar, wenn er den Innenraum der Kirche betritt. San Francisco verfügt nämlich über einen einschiffigen Langhausbau, in den zwischen die Strebepfeiler Seitenkapellen als Ersatz der Seitenschiffe eingebaut sind. Sie nehmen die halbe Höhe des Mittelschiffs ein, und darüber erheben sich die tief herabgezogenen, scharf geschnittenen und hohen Gewölbe, die den gotischen Charakter des Raums besonders betonen. Diese ganze Höhe galt es durch die Fassadenwand zu maskieren nebst dem Strebewerk, das dieses Schiff wie Lanzen umstellt.

Zu den Besonderheiten der Kirche gehören auch der ungewöhnlich schöne *Kreuzgang* und der Glockenturm. Der Hof des Kreuzgangs bildet ein großes unregelmäßiges Viereck und ist ringsum von zierlichen, mit Spitzbögen versehenen, vierfach gegliederten Säulen umgeben. Die verschiedenen Seiten des Kreuzgangs tragen übrigens jeweils andere, reichgegliederte Säulenkapitelle und Bögen. Die Ausdehnung der Anlage ist bedeutend. Im Obergeschoß zieht sich um das Ganze eine reichgegliederte Galerie, deren weit vorkragendes Dach auf achteckigen Säulen mit Kapitellen ruht.

Im Innern maskiert der heutige Hochaltar den Kapellenkranz des Chores, der sich an das Schiff anlehnt. Rechts und links machen zwei Durchgänge durch die Hochaltarwand den dadurch zum Mönchschor abgesonderten Chorraum zugänglich.

Die Kirche enthält eine große Anzahl von Kunstwerken, die im einzelnen zu schildern zu weit führen würde. Es sei in diesem Zusammenhang nur auf das schöne dreiteilige Altarretabel aus dem 15. Jahrhundert verwiesen, dessen Meister nach diesem Werk ›Maestro de San Francisco‹ genannt wird, und auf das berühmte Grabmal des Ramón Llull, von dem schon die Rede war und das wir im Kapellenkranz des Chores finden. Es ist ein dreiteiliges, tabernakelartiges Wandgrab, dessen oberster Teil den Sarkophag und die mit der Figur des Heiligen geschmückte Grabplatte birgt. Unter einem gedrückten Korbbogen befindet sich dort der alabasterne Schrein des Seligen Raimundus, den Sagrera 1487 verfertigte. Die liegende Figur des Seligen auf der nach vorn gekippten Grabplatte wird von den Wappenschildern des Ramón Llull und der ›Katholischen Könige‹, Ferdinand und Isabella, gestützt. Der Sockel zeigt sieben Nischen, in denen früher sieben Figuren standen, die die sieben freien Künste darstellten: die Rhetorik, die Grammatik, die Logik, die Arithmetik, die Geometrie, die Musik und die Astronomie.

Der Hauptaltar stellt, ganz nach spanischer Manier, besondere Pracht zur Schau. Die Seitenaltäre sind mit prunkvollen Statuen und reichem Schmuck versehen.

Die Kirche ist aber auch durch die Erinnerung an ein typisches Renaissance-Ereignis gekennzeichnet. Die Geschichte, die sich damals hier abgespielt hat, trägt ebenso possenhafte wie tragische Züge. Zu jener Zeit war die Macht der Könige von Spanien auf den Balearen relativ gering. Die großen Landadelsfamilien taten so, als wären sie die eigentlichen Herrscher und rieben sich auf in Haß- und Racheaktionen, sich in zwei einander bitter bekämpfende Parteien spaltend, vergleichbar nur den Fehden zwischen den Capulets und den Montagues in Verona.

Eine solche schwere Fehde zwischen einem stolzen Adeligen namens Don Jaime Armadans und seinem erbittertsten Gegner Don Pedro Spanyol erfuhr neue Nahrung durch die ebenso harmlose wie achtlose Entleerung eines Topfs voll schmutzigen Wassers vom oberen Stockwerk des Palacios der Familie Spanyol. Als ein Zimmermädchen den Topf auf die Straße kippte, ging unten zufällig Don Jaime Armadans vorbei. Der unglückliche Zufall brachte es mit sich, daß sich der gesamte Topfinhalt über seinen Kopf ergoß. In seiner Würde getroffen und flammend vor Zorn erlitt er fast einen Schlaganfall, als es ihm zu Bewußtsein kam, daß diese gräßliche Beleidigung aus dem Hause seines Erzfeindes, Don Pedro Spanyol, über ihn hereingebrochen war. Er stürzte in den Hof des

Palastes und die Treppe hinauf. Die aufgeregte Gestalt der Doña Spanyol beiseitefegend, eilte er weiter, bis er die Beleidigerin gefunden hatte. Er prügelte sie erbarmungslos.

Als Don Pedro Spanyol, der Herr des Hauses, bei seiner Rückkehr von dem Vorgefallenen erfuhr, begannen Zorn und Adelsstolz an ihm zu nagen. Nach ein paar Tagen hielt er es nicht länger aus. Er sammelte ein paar ihm ergebene Edelleute um sich und machte sich mit ihnen noch am selben Abend zu Don Jaime Armadans' Hause auf. Sie drangen ein und gelangten zum Schlafzimmer des Ehepaares. Dort traten sie die Türe ein und ermordeten Don Jaime und seine Frau in ihrem Bett.

Nachdem sich die Empörung darüber bei den Trägern der angeblichen Staatsgewalt in Palma gelegt hatte, wurden die in die Sache verwickelten Edelleute begnadigt. Die Fehde hätte von diesem Moment an vielleicht ruhig und verborgen weitergeschwelt, ohne jemals wieder aufzubrechen, wenn es nicht bei einem hochbedeutsamen Gottesdienst in der Kirche San Francisco am zweiten Tag des November 1490 erneut zum Eklat gekommen wäre. Anhänger beider Adelsfamilien waren nämlich vollzählig anwesend. Während der Messe bildete sich ein besonders hochfahrender und empfindlicher Gefolgsmann plötzlich ein, ein Edelmann der Gegenpartei habe eine unverschämte Geste zu ihm hin gemacht. Im Augenblick waren die Schwerter aus der Scheide, und es kam zu einem Massengemetzel. Die Priester unterbrachen die Messe und befahlen den Kämpfern, von ihren blutigen Händeln abzulassen. Vergebens – ihre Worte fanden keine Beachtung. In der Apsis der Kirche floß Blut. Dieses Gemetzel zog sich dann durch das Hauptportal hinaus auf die Straße. Als es schließlich endete, lagen über 300 Angehörige der Hocharistokratie als Leichen in den Kirchenstühlen oder auf dem Vorplatz vor der Kirche. Es war der letzte Ausbruch der großen Adelsfehden auf Mallorca.

Wenn man heute durch den majestätischen Frieden dieser Kirche wandelt, kann man sich kaum vorstellen, daß solche Szenen einstmals zum Alltag von Palma gehört haben, aber man versteht jetzt besser die festungsartige Form der alten Paläste.

Wir lassen nun die Kirche San Francisco mit ihrem idyllischen Kreuzgang hinter uns und gehen jetzt die kleine Straße hinauf, die an der Kirche entlangführt: die Calle Troncoso. Sie führt uns zur Plaza Quadrado, einen der natürlichsten und am wenigsten verschandelten Plätze der Stadt. Hier decken die Bewohner des Stadtviertels ihren täglichen Bedarf. In der Calle Troncoso verharren wir kurz vor dem Hause Nummer 1 und werfen einen Blick in den Patio. Er ist zwar zu einer Garage umgebaut, doch in den roten ionischen Marmorsäulen, deren Stein in den Brüchen bei Binisalem gebrochen wurde, leben Stil und Eleganz aus den Tagen der alten Adelspaläste fort.

Wenn man vom oberen Ende der Plaza Quadrado die Calle Alfareria entlanggeht und dann wieder nach links in die Calle San Agustin einbiegt, kommt man zur Plaza Buen Consejo. Hier steht *San Agustin*, ein hübsches Kirchlein, dessen Kuppel eine kurze Betrachtung wert ist. In den zahlreichen Kapellen sind Altäre mit Marmorintarsien, wie sie im 17. Jahrhundert in großem Umfang aus Italien importiert wurden. Über dem Hauptaltar erhebt sich eine bemerkenswerte Marmorstatue der Jungfrau mit dem Kinde. Auch die Plaza, auf welcher diese Kirche steht, wird nur von den Bewohnern dieses Stadtviertels bevölkert und sieht kaum einen Touristen.

Nun gehen wir die Calle Socorro hinunter und dann die Calle Botones bis zur Calle Seminario, in die wir links einbiegen und der wir folgen, bis sie später in die Calle Montesión übergeht. Zu unserer Linken erhebt sich hier die Fassade der gleichnamigen Kirche.

Das große Portal der *Kirche Montesión* ist fast ebenso eindrucksvoll wie dasjenige der Kirche von San Francisco, nur daß ihre Fassade in keinem so gut ausgewogenen Verhältnis zum Ganzen steht. Das Bauwerk, das ursprünglich an dieser Stelle stand, übernahmen im Jahre 1561 die Jesuiten. Sie begannen 1571 die ursprünglich gotische Kirche in ein barockes Gotteshaus umzuwandeln. Der Umbau war 1624 fertig, das Portal allerdings erst 1683. Das geräumige Kirchenschiff erhält sein Licht durch eine Reihe von Bogenfenstern, die mit reicher Ornamentik versehen sind, ebenso die Rippen und Stichkappen des gotisierenden Gewölbes. In einer Seitenkapelle steht ein monumentaler Barock-Altaraufsatz von 1607. In einer anderen Seitenkapelle befindet sich ein schöner gotischer Altaraufsatz aus der ursprünglichen Kirche aus dem 15. Jahrhundert. Er zeigt das Leben der Jungfrau in vielen Bildern von der Hand eines mallorquinischen Künstlers mit Namen Antonio Salom. Eine prunkvolle Kapelle aus dem 18. Jahrhundert ist dem heiligen Alonzo Rodrigues gewidmet. Zu ihrer Ausschmückung verwendete man schon mallorquinischen Marmor. Der reich verzierte Sarkophag enthält die sterblichen Überreste des Heiligen. Er wurde in Segovia geboren und kam nach Mallorca im Jahre 1571. Hier starb er 1617, wurde 1825 selig- und 1888 heiliggesprochen.

Nun treten wir wieder auf die Straße und folgen weiter der Calle Montesión, die an ihrem Ende eine Kurve macht und uns wieder auf die Plaza Santa Eulalia zurückbringt. Die Seitengassen des Stadtviertels, das wir soeben passiert haben, und die Straßen, die wir entlanggegangen sind, sind voll von kleinen Werkstätten, wo die Möbel, das Silbergerät, die Töpferwaren und die Schmiedearbeiten hergestellt werden, die dann in die teuren Läden des Viertels um die ›Via Commercial‹ gelangen. In einigen dieser Straßen hokken dicht an dicht Antiquitätengeschäfte aller Qualitäts-Schattierungen und in dieser ganzen Gegend kann der Interessierte sich ein gutes Bild vom Leben und Treiben des einfachen Volkes von Palma machen.

Nun brechen wir am besten in denjenigen Teil der Stadt auf, der hinter der Plaza Mayor liegt mit den engen und verhältnismäßig ruhigen Straßen, deren Mittelpunkt sie bildet: die Calle San Miguel und die Avenida General Mola, die von der Plaza Pio XII. ab Calle Jaime III. heißt.

Die enge und von Menschen wimmelnde Calle San Miguel geht von der Plaza Mayor ab. Für den Besucher ist sie insofern von Bedeutung, als in ihr zwei Kirchen, San Miguel und San Antonio, stehen.

An ähnlichen Geschäften wie denen in der Calle Sindicato vorbei gelangen wir auf der linken Seite zur Kirche *San Miguel*, die auf diesen von der Via Roma durchzogenen Stadtteil herabblickt. Es ist keine sonderlich große, aber eine in ihrer Art außerordentlich schöne Kirche. Ihre Geschichte reicht zurück bis ins 13. Jahrhundert und bis in die Zeit, als Jaime I. vor den Toren der Stadt stand. An dieser Stelle wurde mitten in der blutigen Schlacht um die Stadt eine Messe gehalten. Zu jener Zeit stand hier eine Moschee, und mit einem besonderen Geschick gestaltete man sie zur christlichen Kirche um. Das heutige Bauwerk ist das Ergebnis verschiedener Bauabschnitte und damit ein Stilgemisch. Es enthält viele kostbare Proben kirchlicher Kunst, worunter von der Tradition her das

Standbild der ›Virgen de la Salud‹ über dem Altar das wertvollste Stück ist. Es soll mit dem Schiff, mit dem Jaime I. sich zur Eroberung der Insel anschickte, nach Mallorca gekommen sein und wurde unverzüglich in dem gerade frisch geweihten Gotteshaus aufgestellt. Beachtenswert ist auch ein Altaraufsatz von Francisco Herrera. Die Decke ist das Werk bekannter spanischer Maler wie Juan Mutaner, Guillermo Ferrer und Jaime Morey. Außerdem steht hier eine wohlausgeführte Statue des heiligen José von dem Bildhauer Juan Antonio Homs. Die Grundgestalt der Kirche stammt aus dem 14. Jahrhundert, woran vor allem das elegante Portal mit der Figur des Erzengels erinnert. Einige Nebenkapellen wurden aber erst im 18. Jahrhundert gebaut.

Die Calle San Miguel weiter hinauf zur Rechten steht die Kirche *San Antonio*. Sie gehörte früher zum Kloster der Nonnen von Santa Catalina de Siena und enthält das Grabmal von Don Juan Despuig, dem Gründer des Klosters. Der Bau wurde 1664 begonnen, 1668 wurde der Altar geweiht. San Antonio ist mit seinen kannelierten Säulen, seinen imposanten Altargemälden und seinen schönen Kuppelfenstern ein bedeutendes Beispiel für mallorquinische Barock-Baukunst.

Um ins Herz der Stadt zurückzugelangen, muß man die Calle San Miguel weiterverfolgen und dann links die Calle Olmos, die sie aus der Richtung der Plaza España her überquert und zur Via Roma hinabläuft. Auch sie ist eine Ladenstraße für den Bedarf der Bevölkerung, aber sie weist auch ein Spezialgeschäft auf, und zwar eines für Kerzen, die hier in gediegener Handarbeit und mit anziehenden Mustern dargeboten werden. Es ist das Haus Nummer 116. An dieser ›Candeleria‹ erkennt man deutlich, wie hoch die Kunst des

Kerzenziehens hierzulande noch geschätzt wird. In der Nähe ist eine ›Churreria‹, wo ein bei den Inselbewohnern höchst beliebtes Teiggebäck hergestellt wird. Daß Ausländer es selten zu Gesicht bekommen oder gar essen, liegt wohl daran, daß sie es kaum kennen.

An der Ecke, wo die Calle Olmos die Via Roma kreuzt, überquert man die Straße und betritt die Plaza Santa Magdalena. Von ihrem entgegengesetzten Ende an ziehen sich die Gebäude des *Klosters Santa Magdalena* an der Calle Beata Santa Catalina entlang. Das Kloster wurde im frühen 14. Jahrhundert gegründet; die heutige Kirche wurde 1744 fertig. Es war das Kloster, in welchem die heilige Catalina Thomas im 16. Jahrhundert lange Jahre diente. In einer Ehrenkapelle der Kirche ruht ihr einbalsamierter Leichnam in einem gläsernen Sarg.

Von hier führt uns der Weg zurück zur Plaza Pio XII. und zum oberen Ende des ›Borne‹ über die Calle San Jaime. Hier herrscht die Atmosphäre, die wir inzwischen als charakteristisch für Palmas alte Kultur kennen- und schätzen gelernt haben. Auch in dieser von ehemaligen Palästen gesäumten Straße wohnten vorzeiten ausschließlich Mitglieder des mallorquinischen Adels. Die meisten dieser Gebäude haben sich den veränderten Zeiten angepaßt. Viele sind weidlich umgestaltet worden, aber alle haben in gewissem Maße den Stempel ihrer ursprünglichen Funktion sichtlich bewahrt. Ein nicht allzu kraß von seiner Urform abweichender Palast steht beispielsweise auf Nummer 33. Heute hat dort der ›Club Universitario‹ seinen Sitz. Das Gebäude gehört zu den wenigen, an denen man die gotischen Fenster im Patio und an den Fassaden belassen hat. Nummer 21 ist der Palast des Marqués de *Casa Ferrandel*.

Die Kirche von *San Jaime*, des heiligen Jakob, die

auf halbem Wege an dieser Straße zu finden ist, wird in einer alten Urkunde aus dem Jahre 1247 als erste Pfarrkirche erwähnt, mit deren Bau damals begonnen wurde. Sie wurde jedoch erst im 18. Jahrhundert fertig. Sie ist gotisch im Stil und hat sieben Nebenkapellen. Ihre Altaraufsätze, Bilder und andere Kunstwerke sind jüngeren Datums als die in den meisten anderen großen Kirchen der Stadt. Im allgemeinen datieren sie aus dem späten 18. und frühen 19. Jahrhundert. Im großen ganzen aber vermittelt die Kirche den Eindruck reifer Heiterkeit.

Die Straßen, die von der Calle San Jaime in die Unterstadt abzweigen, halten, wie die hinter der Kathedrale in der Oberstadt, für den Fremden, der sie mit Aufmerksamkeit durchstreift, manche Überraschungen bereit. Auch hier findet er schöne alte Häuser in Fülle, die ihren Platz noch heute im modernen Palma haben behaupten können.

Treten wir wieder hinaus auf die Plaza Pio XII., so sehen wir zur Rechten moderne Bogengänge, die die im Gegensatz zum alten Palma aufblühende Wohn- und Geschäftsgegend der Avenida Jaime III. säumen. Hier spiegelt sich die Vitalität einer blühenden Mittelmeer-Metropole von heute in einer Form, die zwar durchaus ›mallorquin‹ bleibt, aber mit deutlichen Wesensmerkmalen des modernen Rom durchsetzt ist. Hier in dieser Prachtstraße bieten sich Geschäfte und Büros wie in jeder internationalen Großstadt dar.

Von der Südseite der Avenida führt jede der dort abzweigenden Straßen in das andere Herzstück der Altstadt: die ›Vila de Baix‹ – die untere Stadt. Wenn wir die Calle San Caytano wählen, können wir, auf Nummer 22, den Palast des Marqués de Solleric, heute als *Palacio Morell* bekannt, besuchen. Wenngleich noch immer Sitz der Familie Morell, steht er heute der

Öffentlichkeit als Museum offen. Die Morells kamen ursprünglich aus dem südfranzösischen Languedoc und landeten in Mallorca im Jahre 1229 zusammen mit dem siegreichen König. Der Palast ist eine Schatzkammer an Bildern, Möbeln, Büchern in vielen Sprachen, Tapisserien, Landkarten, Pergamenten, Urkunden, Musikinstrumenten, Spiegeln, Uhren, Porzellanen und anderen Dingen, die von der Eleganz und Kultur des Lebensstils mallorquinischen Adels zeugen. In der sonst einfachen Privatkapelle des Palacios finden wir vorzügliche Kopien von Bildern spanischer Meister.

Auf der gegenüberliegenden Straßenseite steht eine Kirche, die man ein Muster klassischen Ebenmaßes genannt hat: *Los Sagrados Corazones.* Sie wurde im 18. Jahrhundert unter der Oberaufsicht des Architekten Lucas Mesquida gebaut. Im Schiff befindet sich ein wirkungsvoller barocker Hauptaltar, in den Nebenkapellen hängen interessante Barock- und Rokoko-Gemälde.

Die Calle San Caytano mündet in die Calle San Felio. Sie ist eine der beiden Hauptstraßen, die vom ›Borne‹ westwärts in ein dichtbevölkertes Wohngebiet führen. In ihrem ersten Abschnitt gibt es schöne Geschäfte; sie sind häufig in den Höfen alter Paläste untergebracht. Weiter straßab werden die Läden zwar kleiner, doch sieht man hier einige höchst eindrucksvolle Palastfassaden. An einer reich mit Steinreliefs geschmückten Fassade fällt einem über dem Eingang ein Wasserspeier auf – ein Gesicht mit ausgestreckter Zunge. Die Inschrift darunter lautet: »Ich, Francisco Pio, strecke meine Zunge allen heraus, die hier vorübergehen.«

Mit dieser Figur hat es folgende Bewandtnis. In diesem Hause wohnte im oberen Stockwerk der Erbauer, während unten eine andere Familie mit einer wunderschönen Tochter lebte. Nun traf es sich, daß der etwas schwachsinnige Sohn des Hauseigentümers dieses junge Mädchen heiß verehrte. Aber ebenso verfiel ein junger Adliger dem Zauber des Mädchens, und auch er machte ihr den Hof. Das erboste den Sohn des Hausbesitzers dermaßen, daß er beschloß, den Adelssohn lächerlich zu machen. Nun herrschte in jenen Tagen auf diesen Straßen wenig Verkehr, weil sie für Mitglieder der oberen Klassen als unsicher galten, es sei denn, man befuhr sie mit geschlossenen Kutschen. So kreuzte lediglich der verliebte junge Edelmann oftmals als Fußgänger hier auf. Der Sohn des Hausbesitzers lag seinem Vater nun so lange in den Ohren, bis dieser den Kopf anfertigen und über der Tür anbringen ließ, wobei sich die beleidigende Inschrift nur auf den jungen Aristokraten beziehen konnte.

Kurz hinter diesem Gebäude mündet die Calle San Felio in eine dichtbevölkerte Gegend. Sie ist deshalb interessant, weil sie sehr gut die Lebensumstände der ärmsten Bewohner Palmas veranschaulicht. Die Betriebsamkeit hier hat mit den Fremden unmittelbar nichts zu tun, denn die Läden, Bars und Cafés werden ausschließlich von Ortsansässigen besucht. Deshalb kann man hier besser als in jedem anderen Stadtviertel den Alltag der Einwohner Palmas studieren. Doch taucht der Spaziergänger – und sei es nur für kurze Zeit – in diesen Alltag ein, so erntet er die freundliche Neugier der Anwohner.

Am Ende der Calle San Felio gelangt man, die Calle San Lorenzo hinab, zur Kirche *Santa Cruz*. Sie ist der erste Kirchenbau aus der Hochgotik. Den bemerkenswerten Hochaltar schuf im Jahre 1793 Juan Botras; in seiner Mittelnische steht eine Figur der heiligen Helena. Andere künstlerisch wertvolle Altaraufsätze stammen gleichfalls aus der Barockzeit, einer davon zeigt die heilige Gertrudis und ein anderer den Gekreuzigten. In zwei Kapellen – der der Animas de Nuestra Señora de la Paz und der Nuestra Señora del Buen Camino – sind zwei schöne gotische Tafeln zu sehen, und auch in der Sakristei werden Fragmente gotischer Tafeln aufbewahrt sowie ein großes silbernes Prozessionskreuz. Die Krypta, *San Lorenzo* geweiht und so genannt, zu deren Besichtigung eine Sondergenehmigung erforderlich ist, kann man von der gleichnamigen Straße her betreten. Sie besitzt eindrucksvolle Gewölbe und einen Altaraufsatz aus dem sechzehnten Jahrhundert.

Direkt vor der Kirche liegt die Plaza Alcala. Von hier überblickt man das Flußbett, das den Westrand der Altstadt von Palma bildet. Zu beiden Seiten dieses Flusses verläuft der Paseo Mallorca. Die hier in den Himmel ragenden modernen Wohnhäuser zeigen die Stadt von einer Seite, die in krassem Gegensatz zu dem steht, was wir bis jetzt von ihrer Altstadt gesehen haben.

Fast genau gegenüber der Einmündung der Calle San Caytano in die Calle San Felio führt ein ganz enges Gäßchen, die Calle Montenegro, zur Calle Apuntadores. Die schmale Straßenschlucht überragen zwei wuchtige Paläste und machen so recht augenfällig, welche Macht die einst hier lebenden Aristokraten-Familien zu ihrer Zeit über Stadt und Land ausgeübt haben. Die Calle Apuntadores ist die zweite Hauptstraße, die vom ›Borne‹ aus westwärts verläuft. Obwohl früher einmal vorwiegend Wohngegend für Adelsfamilien, hat sie sich mehr als irgendeine andere Straße in Palma, wenigstens äußerlich, den Wünschen und Geschmacksrichtungen der Fremden angepaßt. Ihre ersten beiden Drittel sind von Bars und Restaurants besetzt, großen und kleinen, teuren und billigen. Hier kann man essen und trinken was man will. Mitten in diesem Trubel behauptet sich dennoch Palmas kulturelles Gesicht. Nummer 45 zum Beispiel birgt das Haus der Kunst, das ›Ochoa-Museum‹, mit Werken klassischer und moderner Malerei sowie einer Sammlung von Radierungen von Goya. Nummer 51 bildet die *Casa Marqués* mit einem anziehenden Patio und einer originellen offenen Treppenanlage.

Am unteren Ende der Calle Apuntadores, wo sie in die Calle General Barceló einmündet, findet man Restaurants ganz anderer Art als an ihrem oberen Teil. Ihre Gäste sind vor allem Fischer und Arbeiter, Matrosen und Soldaten. Hier serviert man einfache, aber vorzügliche Gerichte nach dem Geschmack des Landes, wie sie auf der Iberischen Halbinsel gang und gäbe sind. Andere Gaststätten der gleichen Art liegen zu beiden Seiten der Calle General Barceló. Hier endet ganz unvermittelt der Glanz des oberen Teils der Calle Apuntadores, und die Welt der arbeitenden Bevölkerung von Palma tut sich auf.

Zu dieser Welt der Arbeiterklasse gehört auch der Platz direkt unterhalb der Straße, Plaza Atarazanas. Obwohl sie von der palmenumsäumten Kaipromenade des Fischerhafens landeinwärts führt, scheinen doch nur äußerst selten Touristen bis hierher vorzudringen. Dabei ist der Atarazanas ein entzückender Platz mit großen Platanen inmitten und mehreren Cafés. Als früher noch das Meer bis an die Stadtmauern reichte, die damals sich direkt hinter der jetzigen Allee mit dem Museo Maritimo und der Lonja erhoben, benutzten die maurischen Fischer diese Plaza zum Trocknen ihrer Netze. Danach wurde sie eine elegante Gegend, was sich leicht an dem Umfang des Palasts von Nummer 6 erkennen läßt. Er ist im Renaissancestil gehalten und verfügt über einen der größten Patios von Palma. Er gehörte ursprünglich der Familie Chacón, die aus Navarra gekommen war. Noch heute leben Mitglieder dieser Familie in Mallorca.

Von der Plaza Atarazanas verläuft die Calle Jaime Ferrer Valseca wieder auf die Anhöhe zu, auf der die Kathedrale und der Almudaina-Palast stehen, und trifft dort auf die Avenida Antonio Maura. An ihr liegen moderne Bars, doch, je näher sie der Hauptverkehrsstraße kommt, noch viel häufiger typisch spanischen Bodegas. Von ihnen und all den anderen, die bei Streifzügen durch die Innenstadt von Palma unsere Aufmerksamkeit erregen werden, soll hier kurz die Rede sein.

Eine ›Bodega‹ ist eine Stätte, wohin man für gewöhnlich geht, um die Weine, Süßweine und schärferen Alkoholika Spaniens zu probieren. Hier kann man sich aber auch, besonders in Palma, an der phantastischen Vielfalt der ›Tapas‹ gütlich tun, die zur spanischen und allgemein mediterranen Sinnenfreude gehören. Sie reichen von Fischen und Schalentieren über Fleisch bis zu Gemüsen und Pilzen. Mild oder scharf angerichtet, können sie entweder lediglich als schmackhafte Happen zu einem Glas Wein, Kognak oder sonst einem geistigen Getränk verzehrt werden, oder sie können sich nach alter Tradition als ganze Mahlzeit präsentieren: von einem pikant gewürzten Fisch über Fleischgerichte bis zu ausgesprochenen Süßspeisen. Manche werden heiß serviert, aber viele der Gerichte werden auch kalt genossen.

In der überwiegenden Mehrzahl dieser Bodegas wird der Wein aus Fässern ausgeschenkt. Sie enthalten entweder die edlen Weine Mallorcas oder die besten Importe von der Iberischen Halbinsel. Die einheimischen Weine sind gemeinhin billiger, können aber von bester Qualität sein. Die Weine Mallorcas sind seit jeher berühmt, die roten vielleicht mehr noch als die weißen, doch kann man alle einheimischen Weine in Bodegas wie in Restaurants getrost bestellen – sie schmecken stets gut und sind sehr bekömmlich. In den Bodegas wird auch Kognak vom Faß ausgeschenkt. Er ist oft ebenso gut oder zuweilen gar besser als die bekannten Marken-Kognaks, die von der Halbinsel ins Land kommen, und vor allem wesentlich billiger. Dasselbe gilt für verschiedene andere geistige Getränke wie Anis und Wermut. Ein vielgetrunkener Apéritif ist der sogenannte ›Palo‹. Er hat einen angenehmen Kräutergeschmack und ist Balsam für einen verdorbenen Magen. Hergestellt wird er aus Rohzucker, Johannisbrot und mallorquinischen Kräutern.

Noch ein paar Worte übers Essen. Sie werden inzwischen bemerkt haben, wie viele verschiedenartige Gaststätten es in Palma und überhaupt in Mallorca gibt. Art und Güte der dort verabfolgten Speisen sind so unterschiedlich wie die Aufmachung dieser Speiselokale. Grundsätzlich kann man hier alles zu essen bekommen, was man sich wünscht. Will man aber etwas für die Insel Typisches essen, etwas Gutes und gleichermaßen Preiswertes, dann muß man die am unscheinbarsten aussehenden Gaststätten in der City-Gegend um die Calle Apuntadores herum ausprobieren oder sonst ein Lokal, an dem angeschlagen steht, daß hier ein Festpreis-Menü mit mindestens vier Gängen serviert wird. Da diese Restaurants fast alle von einheimischen Familien betrieben werden, sind die verwendeten Zutaten und die Art der Zubereitung echt mallorquinisch. Ein für solche Restaurants typisches Menü lautet folgendermaßen:

Wahlweise:

Jugo de Tomate
Albericoque
Naranja
Pomelo
Ensaladilla Rasa

*

Gazpacho
Arroz Marinera
Crema Alemana
Potaje

*

Tortilla de Jamôn
Medillones de Cognac
Tortilla Paisana

Estofado
Escalope Milanesa
Frito Malorquin
Merluza Romana

*

Ensalada de Fruitas
Melocoton en Almibur
Flan
Platano
Melon

*

Pan y Vino

Über einzelne Gerichte orientiert Sie der Anhang des Buches.

Bei Ihren Streifzügen durch die Straßen von Palma werden Sie bemerkt haben, daß es auch Bauten gibt, die weder die bis in die Gegenwart weiterlebende mittelalterliche oder Renaissance-Vergangenheit der Stadt spiegeln noch die moderne Architektur. Diese Bauten entsprangen der üppigen Phantasie eines Gaudí und seiner Schüler. Leider verschwinden diese Gebäude nur zu rasch; viele stehen in Vierteln, in denen die kommerzielle Expansion allzu gierig um sich greift. Diese Musterbilder für Jugendstil-Architektur sind in ihrer Konzeption hier in Palma vielleicht wandelbarer als irgendwo sonst. Das mag von den historischen Bedingtheiten der Insel herrühren und auch vom Tourismus beeinflußt worden sein, der Mallorca aus einem jahrhundertealten Konservatismus herausgerissen hat. Es kann aber auch ein Ausfluß der spanischen Geisteshaltung sein, die mit Begeisterung den österreichischen Barock übernahm und mit ihrem eigenen Gefühl für Bewegung und Gestaltung erfüllte. Welche Gründe aber auch immer maßgebend waren – wir sollten die noch stehengebliebenen Bauten dieser Art als Ausdruck der Liebe für das Verschwenderische bewundern, die in der Seele des Spaniers gleich neben seinem starken Sinn für das Althergebrachte lebt und wirkt.

Bauwerke solcher Art kann man zum Beispiel am Rande der Plaza Santa Catalina Thomás, die sich von der Avenida General Mola her öffnet, wie auch an der Westseite der Avenida Antonio Maura – hier allerdings nur mit Einschränkungen – sehen. Zwei besonders üppige Beispiele findet man dort, wo die Calle Colon in die Plaza Mayor einmündet. Beim Anblick dieser beiden Gebäude möchte man seinen Augen kaum trauen. Um seinen Lehrmeister Gaudí zu übertrumpfen, hat der Architekt hier Phantasieprodukte geschaffen, wie sie kaum anderswo zu finden sind. Und doch gehören sie genauso gut zum Bilde Palmas wie die Kathedrale und der Almudaina-Palast, oder die neuesten baulichen Konstruktionen mit ihren spitzen Winkeln und Balkons entlang dem Paseo Maritimo.

Von Schloß Bellver aus

Bevor wir uns nun entschließen, die Stadt Palma zu verlassen, sollten wir noch einmal zum *Schloß Bellver*, von dem aus wir unseren Stadtbesuch begannen, hinaufsteigen und, nachdem wir nun die Einzelheiten der Stadt kennen, ihr Bild nochmals als Gesamtheit auf uns wirken lassen. Schloß Bellver ist für diesen Blick der geeignetste Platz, da es von seinem erhöhten Standort aus den ganzen Blick auf die Bucht von Palma und auf die Küste der Insel bis weit nach Süden hin freigibt. Wir wollen aber unseren zweiten Besuch des Schlosses auch dazu benutzen, es selbst einer eingehenden Besichtigung zu unterziehen, denn wenn wir es verlassen haben, werden wir nicht nochmals dorthin zurückkehren. Unsere Rundfahrt durch die Insel werden wir von ihm aus westwärts antreten, da es sich auch als Ausgangspunkt für unsere Erkundungsreisen in die einzelnen Teile der Insel als der beste Platz erweist.

Man hat immer wieder darauf hingewiesen, daß Schloß Bellver den staufischen Burgen und Schlössern in Süditalien stark ähnele und hat Beziehungen namentlich zum ›Castel del Monte‹ Friedrichs II. herstellen wollen. Das mag wohl seine Richtigkeit haben, wenn man in erster Linie die Gesamtanlage der Burg und ihre charakteristische Lage betrachtet. Hier wie dort handelt es sich um einen Rundbau, der wie eine Krone auf einer Bodenerhebung thront und damit zum beherrschenden Punkt in der Landschaft wird. Hier wie dort zeigen die Außenmauern ungegliederte, nur durch einen Eingang unterbrochene Flächen, die von Mauervorsprüngen und turmartigen Wehren geschützt werden. (In Castel del Monte übrigens von Türmen.) Schon der Grundriß ist aber im Falle des

Schlosses Bellver vom staufischen Bau stark unterschieden: Castel del Monte ist achteckig, Schloß Bellver dagegen rund. Schloß Bellver besitzt darüber hinaus außerdem einen einzelstehenden Wehrturm, der mit dem Hauptbau durch eine luftige Brückenkonstruktion verbunden ist, der staufische Bau nicht.

Völlig anders aber ist Schloß Bellver dann im Inneren. Der von zweigeschossigen, eleganten Loggien eingefaßte Hof atmet hier soviel Eleganz und Anmut, daß er mit dem düsteren, mehr an einen Kerker erinnernden Innenhof von Castel del Monte gar nichts mehr zu tun hat.

Der Stauferburg am verwandtesten ist noch der Eindruck von der breiten flachen Dachterrasse, die sich über dem Ganzen hinzieht und von der aus man einen herrlichen Blick über die ganze Insel haben kann. Nach Nordwesten und Norden schweift der Blick über sattgrüne Hügelketten, die sich nach der Tiefe zu staffeln und schließlich im Hintergrund von den hohen felsigen Gebirgsmassiven, die im ›Puig Mayor‹ bis zu 1500 Meter ansteigen und steil ins Meer abfallen, abgeriegelt werden. Zwischen diesen Felsmauern, die alle kalten Nordwinde von der Insel abhalten, und dem Hügel, auf dem Schloß Bellver liegt, dehnen sich nun zwischen den sanften Bergketten pinienbewachsene oder mit Mandel- und Johannisbrotbäumen bestandene anmutige Täler, deren Üppigkeit ihresgleichen sucht. Sie gruppieren sich in einem nach der Bucht von Palma zu offenen Halbkreis und sammeln, nach Süden offen, gleichsam wie ein Hohlspiegel die Sonnenstrahlen in sich. Von hier kann man mehrere der schönsten und reichsten Landsitze der Insel sehen, die sogenannten ›Fincas‹, von denen wir einige bei unserer Fahrt durch die Insel besuchen werden. Diese gesegneten Gefilde präsentieren das ganze Jahr hindurch blühende Wiesen und zaubern dem Besucher einen ununterbrochenen Frühling vor. Im Sommer durch den gewaltigen Baumbestand, zu dem noch die uralten Olivenhaine und Palmengärten treten, verhältnismäßig schattig und kühl, entstehen im Winter gerade durch diesen Baumbestand und die Felsbarrieren im Norden windgeschützte Enklaven, die auch zu dieser Jahreszeit den Aufenthalt auf der Insel lohnend machen. Hier blühen die Mandelgärten, vor Nord- und Westwinden geschützt, oft schon in der zweiten Januarhälfte, und in der nach Süden geöffneten Meeresbucht kann man bis weit in den Dezember hinein im Meer baden.

Heute drängt sich an den Fuß der Anhöhe, auf der das Schloß steht, dicht jener Stadtteil Palmas heran, der sich ›El Terreno‹ nennt. Einst standen in dieser Gegend die Häuser des Gefolges der Schloßherren, und dort, wo sich heute reihenweise moderne Hotelbauten spreizen, fand man nur armselige Fischerhäuser. Immer rascher aus dem Boden schießende Appartmentblocks drohen gerade im Süden nach dem Meer zu dem Schloßhügel viel von seiner Atmosphäre zu rauben, aber immer noch hat selbst der moderne Stadtteil ›El Terreno‹ etwas vom Zauber der Abgeschlossenheit des Schlosses Bellver bewahrt. Zwischen alternden Villenbauten und kecken Hochhäusern stehen nach wie vor zurückhaltende kleinere Wohnsitze in hübschen und fruchtbaren Gärten. Hier wohnen die wohlhabenden Einwohner von Palma, die ihr Leben scheinbar unberührt vom Tourismus und ausländischen Kolonisten weiterführen. Sie leben zwar weitgehend von den Fremden, aber sie sind fast leidenschaftlich auf zurückhaltende Distanz zu ihnen bedacht. Daran ändert auch nichts die Nähe des Hafens, zu dem dieser Teil der Bucht von Palma seit alters her gehört. Er ist von Natur gegen alle Winde geschützt und schon Karthager,

Griechen, Römer und Araber haben sich diese Tatsache zunutze gemacht. Als die Insel dann den Mauren aus den Händen genommen worden war, brachte es die wachsende Seefahrt mit sich, daß der Schwerpunkt des Hafens nach der gegenüberliegenden Seite der Bucht, unter die Stadtmauern zu Füßen der Kathedrale, verlagert wurde. Der diesseitige Teil, der ›Porto-Pi‹, blieb aber auch dann noch ein lebhafter Verkehrspunkt.

1315 wurde die Leiche Ramón Llulls hier an Land gebracht, und hundert Jahre später wurden der Leuchtturm und die Wachttürme zum Schutz der im Hafen liegenden Schiffe einem Umbau unterzogen. Ende des 15. Jahrhunderts wurde hier die erste Quarantänestation eines spanischen Hafens eingerichtet; nur in Apulien hatte man solche Stationen schon in den Tagen der Kreuzzüge geschaffen. Durch die Quarantäne wollte man die Ausbreitung von Krankheiten, die über das Mittelmeer besonders häufig aus dem Osten eingeschleppt wurden, unterbinden.

Nach der Entdeckung Amerikas nahm dann die Bedeutung der Bucht von Palma als Hafen überhaupt ab, doch ist die Schiffahrt hier nie ganz erloschen. Heute befindet sich an der Stelle des ›Porto-Pi‹ ein großer Jachthafen, der eine Flut von Touristen nach ›El Terreno‹ und in die umliegenden Fremdengebiete bringt.

Doch beginnen wir nun unseren Rundgang durch das Schloß. Es wurde im 14. Jahrhundert auf Veranlassung von König Jaime II. erbaut – wie es scheint von einem einheimischen Künstler, Pedro Salvá, dem Sohn einer wohlsituierten mallorquinischen Familie. Er hat wohl wirklich seine Anregungen auch von den Stauferschlössern in Süditalien, die ja oft Jagdschlösser waren, erhalten, denn daß er Schloß Bellver nicht ausschließlich als Festung konzipiert und erbaut hat, wird jedem Besucher klar werden. Einer stattlichen Tiara gleich erhebt es sich auf seinem grünen, mit Pinien bestandenen Hügel und vermittelt dem Betrachter eher den Eindruck königlicher Würde und Pracht, als daß es in ihm Gedanken an Kampf und Verteidigung, an Schlachtenlärm, Kriegsgreuel und an Verliese für unglückliche Gefangene erwecken wird. Dabei hat es eigentlich verhältnismäßig wenig glückliche Zeiten gesehen. Seinen Charakter als Königspalast, der sogar etwas von arabischen Einflüssen ahnen läßt, erhält es vor allem durch die anmutigen zweigeschossigen Loggien des Innenhofes, von denen die Prunkzimmer im ersten Stockwerk abgingen. Schon um die Mitte des 14. Jahrhunderts herum hörte Schloß Bellver auf, königliche Residenz in freier ländlicher Umgebung zu sein. Diese Bestimmung übernahm nun der inzwischen veränderte arabische Palast auf der anderen Seite der Bucht auf dem Kathedralenhügel: das Schloß Almudaina. Schloß Bellver wurde als Gefängnis für die Witwe Jaimes III. und seinen unmündigen Sohn bestimmt, und seit damals ist es Gefängnis geblieben. 1391 wurden hier die Juden der Insel eingekerkert und auf den Schloßwällen schließlich einem qualvollen Flammentod bei lebendigem Leibe überantwortet. Das schöne Bauwerk, dessen ursprüngliche Bestimmung einen so glücklichen Ausgleich zwischen Festung und Lustschloß zu dokumentieren schien, ist von da an nur noch der düsteren Seite seiner Bestimmung verpflichtet geblieben. 1535 mußte es eine Beschießung durch Kriegsschiffe der Venezianer hinnehmen, und in der zweiten Hälfte des 16. wie auch im 17. Jahrhundert war es wiederholt das Ziel von Angriffen türkischer Kriegsschiffe und maurischer Piraten. Der riesige Turm, der den Namen ›Torre del Homenaje‹ – ›Turm der Ehre‹ trägt, und auf den wir schon hinwiesen, wurde nun immer öfter zum Zwangsaufenthalt erlauchter Gefangener, bis ins 19. Jahrhundert hinein.

Einer der bekanntesten Gefangenen aus jenen Tagen war der spanische Politiker und Schriftsteller Gaspar Melchor Jovellanos. Nach einer Haft in der Kartause von Valldemosa wurde er 1801 hierher überführt. Eine Zeitlang hielt man ihn in Einzelhaft, später gestattete man ihm aber wieder zu schreiben und die Staatsarchive von Palma zu benützen. In einem anderen Verlies, tief unten in den Fundamenten des Turmes, verbrachte als einer seiner letzten Gäste der britische General D. L. Lacy den letzten Tag vor seiner Erschießung. An den Wänden seiner Zelle kann man heute noch sein letztes schriftliches Lebenszeichen lesen, das er mit einem Nagel in den Verputz kratzte: »Gefangen an diesem Ort, Lacy der Hungers stirbt hat die Wache um Brot angebettelt.« An einer Zinne des Schlosses gibt heute ein Schild die Stelle an, wo dieser Unglückliche am 5. Januar 1817 erschossen worden ist. Aber nicht nur hier, auch an anderen Zellenwänden in diesem Turm findet man wie an den Schloßzinnen zahllose Inschriften, die Generationen von Gefangenen dort in den weichen Stein geritzt haben.

Wenn man heute die Gemächer im oberen Geschoß der Hofloggia betritt, findet man hier reiche Sammlungen. Sie bilden das sogenannte ›Museo Municipal‹, das der Stadtgeschichte Palmas gewidmet ist. Seine Grundlage ist eine reiche Sammlung römischer Funde, die Kardinal Despuig zum Teil aus Italien mitgebracht und auf seinem Landsitz Raxa seit 1797 aufbewahrt hatte. Sie wurde ständig von ihm und seinen Erben mit mallorquinischen Funden ergänzt und erweitert. Die Stadt Palma erwarb sie 1923. Die hier ausgestellten römischen Altertümer aus Mallorca stammen, einschließlich der Mosaikfußböden, meist aus der Gegend von Pollentia, dem heutigen Alcudia, jener Stadt im Ostteil der Insel, wo die römische Kultur besonders in Blüte gestanden hat. In der prähistorischen Abteilung des Museums kann man Bronze- und Keramikarbeiten aus der Talayot-Epoche bewundern und die schöne Münzsammlung von Don Luis Ferbal.

Wenn man die Treppe zum Arkadengeschoß heraufkommt, betritt man zur Rechten gleich einen sehr großen, höchst interessanten Raum. In ihm spiegelt sich als einzigem Gemach des Schlosses das Leben der alten Schloßbewohner aus der Erbauungszeit wider: er stellt nämlich die Zentralküche des Festungspalastes dar. Ein umfangreicher Rauchfang erhebt sich über den ehemaligen Feuerstellen und zeugt davon, daß hier einmal Massen von Menschen gespeist wurden. Noch heute stehen riesige Kupferkessel vor der Wand, die einst zur Bereitung der Mahlzeiten für die Schloßbesatzung dienten. Daneben hängen große Schöpflöffel und alte Brotschieber für die Backöfen. In die Wände selbst sind zwei gekachelte tiefe Nischen eingelassen, die die Wasserstellen kennzeichnen. Die schönen alten Kacheln tragen Blumenmuster und feine stilisierte Ornamente. Darüber befindet sich in der Mauer eine Kachel mit dem Bild der Jungfrau Maria mit dem Kind. Andere Kacheln in anderen Nischen zeigen alte Kriegsschiffe, Engel und Früchte sowie Fabeltiere. Eine jüngere Kachel mit dem Datum 1798 bildet den heiligen Sebastian ab.

Dieser schöne und freundliche Küchenraum vermittelt gleichsam die Atmosphäre von Schloß Bellver als lebensvoller Wohnsitz. Er steht damit zu den makabren Zeugnissen der Gefängnisflügel in einem wirksamen Gegensatz. Aber beide zusammen repräsentieren erst die Vergangenheit von Schloß Bellver.

[3]

Die Insel

Einleitung

Die Insel Mallorca weist in beispielhafter Vollkommenheit alle Landschaftsformationen auf, die das Klima des Mittelmeeres und seine geologischen Verhältnisse nur hervorbringen konnten. Da sind zart einschwingende Buchten mit feinem ausgewaschenem Sand; da ziehen sich lange ebenmäßige Strände wie ein helles Band dahin; da haben unaufhörlich heranstürmende Wellen tiefe Höhlungen aus der Steilküste ausgewaschen; da zieht sich an der ganzen Nordwestküste die wildgezackte Kette hoher Berge entlang, zart im Sonnendunst, imposant, wenn Nebelschwaden sie einhüllen oder wenn in den Wintermonaten der Sturm vom Kontinent her ihre höchsten Spitzen mit feinem Schnee überstäubt hat. Sie wirken umso gewaltiger, als sie unvermittelt aus dem Wasser aufsteigen; wenn man auf der Fahrt nach Formentor bei ihrem Anblick das erste Erschrecken überwunden hat und sie aufmerksam betrachtet, so läßt sich an ihren jähen Steilwänden die ganze Skala ihrer Schichtungen erkennen: vom muschelbedeckten Strand oder gischtübersprühten Fels über Gärten, Ölbaumhaine und Terrassenkulturen oder dem grünbraunen Gestrüpp der Trokkenzone bis hinauf zu den vom Winde kahl gefegten höchsten Felsrippen. Von den Bergen der Nordkette ziehen sich Täler nach Süden, die dort, wo sich Wasser sammelt, von hoher Fruchtbarkeit sind. Das Innere von Mallorca erscheint uns als eine von Hügeln unterbrochene und lebendig gewellte Ebene, die ihre Ausläufer bis an die Mittelgebirgszone der Südostküste sendet. Starkduftende Pinienwälder säumen die Höhenzüge, die die Täler einrahmen; durch ihren dunklen Ernst stehen sie im Gegensatz zu den wohlgeordneten Äckern, Obstgärten, Gemüsekulturen und Weingärten. In Küstennähe vor allem, an Berghängen wie in Tälern, springen überall die Zeugnisse bäuerlichen, oft mühseligen Fleißes ins Auge. Mallorca muß mit Bedacht erforscht und voll Erwartung durchstreift werden, dann wird kein Zug seiner mannigfaltigen Landschaft und Kultur enttäuschen.

Genau genommen beginnt dieser Teil der Insel schon westlich von Palma und umschließt einige der in den letzten Jahren sehr bekannt gewordenen Badeorte. Die von Palma aus nahe der Küste entlang führende Autostraße ist in gutem Zustand und wird von regelmäßig alle wichtigen Orte verbindenden Buslinien befahren. Die Buchten bis Camp de Mar hin werden auch von Motorbooten angelaufen, die in Palma entweder vom Dock gegenüber der Lonja oder von den Ankerplätzen am Paseo Maritimo abgehen. Das erste Fremdenzentrum, das sich westlich an Palma anschließt, heißt *Cala Mayor;* als einer der ältesten Ferienorte besitzt er außer einigen alten Villen fast schon städtischen Charakter mit seinen Luxushotels, Appartementhäusern und am Hang aufsteigenden, vornehmen Pensionen. Zu beiden Seiten der kurvenreichen Hauptstraße wechseln Läden, Cafés, Bars, Restaurants in bunter Folge ab; Autokolonnen stauen sich hinter einem Eselskarren, Touristen und Flaneure, leichtgeschürzte Mädchen und schwarz gekleidete Spanier bringen eine etwas hektische Modernität in die einst so stille Bucht. Der teils felsige, teils sandige Badestrand wird manchmal zu klein für die Menschenscharen, die ihm in den Sommermonaten zustreben, doch seine durch gute Pflege noch gesteigerte Schönheit bleibt in allem Trubel erhalten. Von Jahr zu Jahr steigert sich der Eindruck, daß Cala Mayor besonders für die Menschen geeignet ist, die ebenso gerne sehen wie gesehen sein wollen und die auch das Gefühl haben müssen, immer im Mittelpunkt zu stehen. Wo Cala Mayor eigentlich aufhört und das anschließende *Ca's Català* beginnt, läßt sich nicht genau ausmachen, denn die beiden Vororte von Palma gehen ineinander über; Ca's Català hat neben luxuriösen Hotels und Pensionen auch schon einfachere Häuser, und die Geschäftigkeit von Cala Mayor läßt langsam nach. In überraschend sich öffnenden kleinen Buchten, die von der regen Bautätigkeit bisher verschont geblieben sind, gibt es noch reizvolle kleine Badeplätze, wo man sich auf dem Sande ausstrecken und sonnen oder vom sanften Felsen aus ins Wasser springen kann.

Folgen wir nun der Autostraße über Ca's Català hinaus, so kommen wir an eine gut bezeichnete, links abzweigende Straße, die nach *Illetas* hinabführt. Zu ihren Seiten, an dem Hang wie auch unten, liegen ausgezeichnete Hotels, die ihre Badeplätze alle an der zauberhaften kleinen Bucht von Illetas haben. An ihrem äußersten Ende grenzt sie an ein Felsgelände, wo man, unter duftenden Büschen versteckt, in der Sonne liegen und das Gefühl haben kann, vom Massentourismus weiter entfernt zu sein, als man es in Wirklichkeit ist. Diese so reizvoll versteckt liegende Bucht von Illetas empfiehlt sich besonders für die Zeit vom Spätherbst bis zum Beginn des Frühlings; der Strand liegt windgeschützt, eine rechte Sonnenfalle, und wird den ganzen Winter über von dort badenden Gästen besucht.

Kehren wir auf die oben liegende Autostraße zurück und fahren weiter westlich, so finden wir uns zum ersten Male in einer wirklich ländlichen Gegend, und die Stadt ist vergessen. Die Mandelbaumkulturen erfreuen durch ihre Ordnung und Regelmäßigkeit; Ölbäume kommen selten vor, da sie nur in höheren, steinigen Lagen gedeihen, jedoch fallen durch üppigen Blattwuchs und seltsame Früchte die Johannisbrotbäume auf. Wo wir solche schönen Felder sehen, da wird ein größeres Landgut – eine ›Finca‹ – nicht fern sein. Kurz vor dem Ortsrand von Portals Nous können

13 *Atalaya de las Animas, Wachtturm an der Nordwestküste*

15 *Valldemosa*

14 *Kloster Lluch*

I

Madonna von Lluch

17
Madonna in mallorquinischer Tracht
im Klostermuseum von Valldemosa

18 *Olivenhai*

19 *Torrent de Pareis*

20 *Formentor, Blick vom Leuchtturm*

wir durch eine Senke rechts der Straße einen der ältesten und traditionsreichsten Landsitze von Mallorca erspähen; es ist ein großes, schloßartiges Landhaus, etwas im gleichen Stil wie die Lonja, und führt den Namen *Bendínat*, ein katalanisches Wort, was ungefähr ›bien diné‹ oder ›gut gespeist‹ heißt. Dieser seltsame Name rührt von der Tatsache her, daß dieses Haus nahe der Stelle liegt, an der König Jaime I. die Mauren vernichtend geschlagen hatte. Die Siegesfeier fand hier statt, und nach der Mahlzeit soll der König zu seinen Rittern gesagt haben: „Bendínat". Womit er aber nicht nur meinte, daß er gut gespeist habe, sondern auch mit der Vernichtung der Heiden zufrieden gewesen sei.

Portals Nous bestand ursprünglich aus einem eine Felsbucht umschließenden Dörfchen; von Pinien beschattet stehen heute abseits der großen Straße Hotels und Ferienwohnungen dort oder ziehen sich die Hänge hinauf. Im 13. Jahrhundert wurde hier von maurischen Gefangenen ein großer Teil der Steine zum Bau der Kathedrale von Palma gebrochen.

Wer vor der Weiterfahrt auf der Seebäderstraße einen kurzen Eindruck von ursprünglicher mallorquinischer Landschaft gewinnen möchte, sollte die Straße einschlagen, die rechts nach Calvià abzweigt. Im weiteren Umkreis um diese Gemeinde herum sind eine Reihe von Höhlen und aus der Bronzezeit stammender Talayots entdeckt worden. Der Ortsname Calvià leitet sich vom lateinischen Wort ›calvus‹ her, was soviel wie kahl, leer, heißt und wohl eine Art Flurname aus der Zeit römischer Besiedlung war. Dennoch ist das Land um Calvià heute ein blühender Garten mit Getreide, Mandeln, Ölbäumen und gepflegten Obstkulturen. Im Mittelalter besaß Calvià einen Sonderstatus, da es unter die Souveränität des

Bischofs von Barcelona fiel und nicht den Gesetzen der Insel unterstand.

Von Portals Nous kehren wir für kurze Zeit wieder auf die große, an der Küste entlang führende Autostraße zurück, biegen bald hinter der schon erwähnten rechten Abzweigung nach Calvià links ein und kommen nach *Palma Nova.* Dieser in den letzten Jahren aufwendig ausgebaute und sich luxuriös gebende Badeort zieht sich eine schöne Bucht entlang, überquert ein kleines Vorgebirge und geht in den ähnlichen Badeort Magaluf über. Ein Pinienhain erstreckt sich zwischen dem Meer und der Ortsstraße und spendet dem breiten, feinsandigen Strand den erwünschten Schatten. Hotels, Luxusappartements, Hochhäuser, Läden, Bars und Badekabinen folgen einander in bunter Reihe; Motorboote bringen Badelustige von Palma, Segelschiffe beleben das Meer, Wasserskifahrer brausen weit draußen einher und auch die Schwimmer müssen schon weit hinausgehen, um in tiefere Gewässer zu kommen. Palma Nova besticht durch die Schönheit der Landschaft und durch die Vielseitigkeit der sportlichen Möglichkeiten. Komfort und Geselligkeit laden zu jeder Form der Entspannung.

Wieder zur Hauptstraße zurück, verlassen wir die Küste, queren eine vorspringende größere Halbinsel, bis wir auf halbem Wege links abzweigen und nach *Portals Vells* hinabfahren. Noch ist der Weg schmal, der uns zu diesem neuentstehenden Badeort bringt, doch der Besuch lohnt sich, denn hier sind noch wirkliche Ruhe und Einsamkeit zu finden.

Die Hauptstraße oben zieht nun weiter, entsendet dann bei einem großen Gutshof nach links eine breite Autostraße, die bis ganz nahe an die Buchten von *Santa Ponsa* heranführt und von dort aus – sich vielfach verzweigend – in einer großen, neu entstehenden

Siedlung, einer ›urbanisacion‹, endet. An einer vorspringenden Landzunge von Santa Ponsa erinnert ein Kreuz an die Stelle, an der am 12. September 1229 König Jaime I. landete, um die Mauren von Mallorca zu vertreiben. Der Küstenbereich besteht aus teils flachen, idealen Badestränden, teils aus senkrecht abfallendem Steilufer; lockere Pinienwälder ziehen sich weit hinauf und bieten Badenden wie Spaziergängern erwünschten Schatten. Hotels, Bars, Läden und kleine Boutiquen gibt es überall, Parkgelände unter Pinienbäumen ist reichlich vorhanden und ausgezeichnete, wenige befahrene Autostraßen schlängeln sich durch die Wohnviertel mit ihren meist großzügig erbauten Landhäusern und im arabischen Stil gehaltenen prunkvollen Villen. Wo man auch stehen mag: in dem Ausblick von der Höhe der Felsklippen weit über das Meer hinweg zu der vorgelagerten romantischen Insel Malgrats tut sich die besondere Schönheit dieser Landschaft auf. Außerdem, der gesamte Komplex von Santa Ponsa liegt weit genug von Palma entfernt, um nicht überlaufen zu sein.

Paguera, das nächste größere Touristenzentrum an der von Palma ausgehenden westlichen Küstenstraße, ist zugleich auch einer der beliebtesten Badeorte Mallorcas geworden. Denn hier vereinigt sich die Schönheit des Meeres und seiner teils felsigen, teils feinsandigen Küste mit dem herben Charakter der von Pinienduft erfüllten Landschaft; das Rauschen der Wellen, der tausendfache Gesang der Zikaden, die Nähe der langsam zur Küste absinkenden hohen Berge, das alles gibt Paguera – trotz elegantem Badeleben – einen ländlichen Charakter. Darum wachsen hier von Jahr zu Jahr immer neue Hotels, Bars, Läden und Gaststätten auf, doch passen sie alle ohne Verletzung des guten Geschmacks freundlich zusammen. Auch wenn Paguera überfüllt ist, herrscht hier die Stimmung gelassener Ferienfreude; es gibt nichts Hektisches oder Schroffes, weder in der Landschaft noch unter den Menschen. Baden kann man überall, oft vom Hotel aus, sonst an zwei ausgezeichneten Strandbuchten; ob von feinem Sand bedeckt oder felsig, immer bieten sie sportlichen Tauchern wie auch Nichtschwimmern gleichermaßen Freude und Erholung. Ehe wir von Paguera auf der Küstenstraße weiterfahren, sollten wir jedoch, und diesmal zu Fuß, zu der nahegelegenen Bucht von *Cala Fornells* gehen; der Weg dorthin, hoch über dem Meer, eröffnet uns die schönsten Landschaftseindrücke, die Mallorca bereithält. In Cala Fornells empfangen uns nur wenige Häuser, zwei Hotels und die Villen einiger reicher Spanier. Die von Pinienwald umgebene und versteckt liegende Bucht lädt mit feinem Sand und flachem Fels zu längerem und friedvollem Verweilen ein.

Camp de Mar – bei Kennern Mallorcas besonders beliebt – ist der letzte der eigentlichen Badeorte, bevor wir nach Puerto de Andraitx kommen. Eine tief ins Land einschneidende Bucht, deren beide Uferarme den gepflegten Strand umfassen, zwei Hotels, einige Pensionen, Läden und Bars, wenig Autolärm und viele an den Hang geschmiegte Privatvillen: das ist Camp de Mar. Eins dieser Häuser, nach dem sehr persönlichen Geschmack eines Schülers von Frank Lloyd Wright erbaut, hebt sich von den anderen durch seine majestätisch unberührte Heiterkeit ab. Die Villa gehört einem amerikanischen Bildhauer und Philosophen. Im Garten steht eine Anzahl seiner Werke: eine überlebensgroße Schildkröte, eine ›Sinnende‹ mit dem Blick zum Meer, ein Kaktus und eine Reihe symbolischer Studien. Das Ganze erweckt den Eindruck eines nach Mallorca verschlagenen japanischen Gartens.

Von Camp de Mar gibt es zwei Möglichkeiten der Weiterfahrt: einmal auf der kurzen Stichstraße zurück zu unserer schon so oft erwähnten Küstenstraße und auf ihr nach Andraitx; oder – schöner vielleicht – von Camp de Mar aus direkt auf kurvenreicher Bergstraße nach *Puerto de Andraitx*, einer ungemein reizvollen Hafenstadt, die fünf Kilometer von der Stadt Andraitx entfernt liegt.

Gleich vielen anderen mallorquinischen Hafenstädten wie Puerto de Pollensa und Puerto de Alcudia besitzt auch Puerto de Antraitx nahe landeinwärts seine ihm zugehörige befestigte Landstadt: Andraitx. Denn im Mittelalter drohten den kleinen Hafenstädten allzuoft erbarmungslose Piratenüberfälle, gegen die sich die Hafenbewohner nur durch die Flucht retten konnten. Man gab im Notfall den Hafen und die Schiffe, die Lagerschuppen und die wenigen guten Häuser preis; Menschenleben und bewegliche Habe fanden Schutz in der nahen, besser zu verteidigenden Stadt, aus der man erst dann zurückkehrte, wenn die Piraten verschwunden waren. Voraussetzung dafür war es allerdings, daß das geschickt rings um die Insel angelegte Warnsystem die Hafenbevölkerung auch rechtzeitig alarmierte.

Die zum Hafen führende Straße zweigt kurz vor Andraitx von der Küstenstraße nach links ab. Sie zieht durch eine vor Fruchtbarkeit überquellende und darum eigenartig schöne Landschaft (›huerta‹ – Garten), in der man überall die ›Norias‹ sieht, seit dem Altertum unverändert gebräuchliche Wasserschöpfräder. Unmittelbar nach diesem bäuerlichen Land, das nichts vom Meere weiß, steht man am Hafenbecken; vor uns ein kleiner Fischerlandeplatz, daneben eine Anlegestelle für Hochseejachten; weiter draußen sieht man Molen und Wellenbrecher und abends einen eilig blinkenden Leuchtturm. Die wenigen Häuser sind grauweiß, verfallen, die Plaza vor ihnen wirkt unheimlich still, der Ort scheint menschenleer – eine sonderbare Mischung von Hafenidylle, fernem blauen Meer und Hügelketten, die von hohen Bergen herabschwingen. Geht man nun ein wenig weiter, so entdeckt man Annehmlichkeiten, die eigens für die Fremden ins Leben gerufen worden sind: Hotels, meist bescheiden, Pensionen, freundliche Cafés mit reizenden kleinen Tischen und Stühlen vor der Tür, Restaurants, in denen einfache, aber sehr gute Fischgerichte geboten werden. Das alles bildet zusammen mit einem kleinen Badeplatz das andere Zentrum von Puerto de Andraitx. Doch der Tourismus herrscht hier nicht vor, er fügt sich ein in die Stille des Ganzen: wenige Menschen, die irgendwo ganz ruhig dasitzen, alle Stunde schleicht eine nicht erreichbare Katze über die Plaza, alles zusammen wirkt wie ein Fernsehbild ohne Ton. Jeder, der einmal hier war, wurde von dieser Ruhe eingefangen und glaubte, diese Atmosphäre schon einmal erlebt zu haben, vielleicht auf einer griechischen Insel.

Durch die fruchtbare ›huerta‹ zurück, findet man sich alsbald von der eigentlichen Stadt *Andraitx* aufgenommen. Dieses bescheidene Landstädtchen wird von dem alten Mauerwerk des gewaltigen, oberhalb liegenden Stadtschlosses Son Mas beherrscht. Ursprünglich im Anfang des 13. Jahrhunderts von den Mauren errichtet, haben die Jahrhunderte an ihm weitergebaut und erst im 19. Jahrhundert wurde es schließlich fertig. Als Jaime I. die Mauren besiegte, schenkte er das Schloß dem Bischof von Barcelona, Don Berenguer de Palou, und in den folgenden Jahrhunderten hielt es allen Piratenüberfällen stand. Einer dieser Invasoren war der berüchtigte Chaireddin Barbarossa, griechischer Seeräuber, türkischer Admiral

III JO VON KALCKREUTH

Terrassen von S'Arracó

Gemälde

Im Besitz des Künstlers

kann. Es ist freilich kein Museum im Sinne des bloßen Aufbewahrens von gesammelten Gegenständen, sondern es ist ein liebenswertes, wohnliches Schloß geblieben, ein mit großer Kunst ausgestattetes Adelspalais.

Von Andraitx aus windet sich die Küstenstraße nordwärts durch die Ausläufer der Bergkette; sie schenkt dem Autowanderer gerade durch sein Fahren die dramatischsten Landschaftsbilder, die es in Mallorca überhaupt gibt; alles ist gegliedert, Steilabstürze kontrastieren mit der Ruhe des Meeres. Hier, an der mallorquinischen Costa Brava, muß das Herz auch des ruhigsten Touristen stärker schlagen; nackte aus dem Meer aufsteigende Felsenriffe interpunktieren die in kurvenden Schwingungen verlaufenden Stufenlandschaften; sanfte Pinienhaine, wie Samt zwischen sie eingestreut, beruhigen das Auge, um es gleich darauf wieder durch die Ungewißheit der Weiterfahrt zu erschrecken. Vielfach stehen Weingärten auf schmalen terrassierten Flächen, aus deren Trauben der berühmteste Wein der Insel gekeltert wird. Er heißt ›Malvasia‹ – Malvasier – und schmeckt ein wenig wie Sherry; doch erinnern sein Duft und sein Geschmack daran, daß die Trauben im Bereich der wilden Meeresgischt wachsen, die unter der ungezügelten Macht der Nord- und Westwinde an den Felsen emporsprüht.

Die seit mehreren Jahren neu ausgebaute Straße steigt bis auf 450 Meter hinauf, fällt nach dem Col de sa Gremola langsam wieder ab, und schenkt uns vom Mirador de R. Roca wunderbare Ausblicke, ehe sie nach vielen Windungen *Estallenchs* erreicht. Dies Dorf schmiegt sich an den Galatzò, der über 1000 Meter aus dem Meere aufsteigt. Die friedliche Abgeschlossenheit seiner steinernen Häuser und engen Gassen läßt sich durchaus nicht dadurch beeinträchtigen, daß eins der ersten Gebäude, deren man bei der Einfahrt ansichtig wird, ein modernes Hotel ist. Es fügt sich der steil abfallenden Stadtsilhouette ganz natürlich ein und der Blick von der Hotelterrasse hinunter auf das Meer verführt so manchen Durchreisenden, einige Tage hier zu verweilen. Das Hotel ist recht klein, so daß die Gäste, wenn es voll besetzt ist, in den Bodegas willkommen sind, die in den Winkeln der von Kirche und Plaza absteigenden schmalen Gassen liegen. An den Steilflanken oberhalb des Ortes haben sich ausländische Gäste, darunter manche auch aus Deutschland, angekauft und sich geschmackvolle Häuser gebaut; nach einiger Zeit sehen sie sich als geachtete Mitbürger aufgenommen. Zweihundert Meter unterhalb von Estallenchs liegen, umgeben von Felsen, eine kleine Bucht und ein romantischer Hafen, in denen man sich völlig allein und ungestört mit der Sonne und dem Meer unterhalten kann.

Die Autostraße hält sich jetzt etwas nördlicher und zieht an der immer schroffer abfallenden Flanke des Gebirges entlang, das diesem Teil Mallorcas seinen Stempel aufdrückt. Von einem Vorsprung an der Straße fällt der Blick plötzlich auf den wie ein Lug-ins-Land vor uns aufgerichteten Wachtturm des ›Atalaya de lac Animas‹; gleich vielen anderen, ihm ähnlichen, wurde er erbaut, um drohende Piratenüberfälle rechtzeitig zu erkennen und schnellstens vor ihnen zu warnen. In solchen Fällen entzündete man auf der obersten Plattform dieser ›Radarstation des Mittelalters‹ einen großen Reisighaufen. Seine Rauchbotschaft wurde die Küste entlang und bis weit ins Innere gesehen und als Warnung verstanden.

Folgt man dieser bei unaufhörlichem Wechsel dennoch gleichbleibenden Küste weiter, so kommt das Dorf Bañalbùfar in Sicht. An den ursprünglich unfruchtbaren Steilhängen der Bergflanken staffeln sich noch aus der Araberzeit stammende, ordentlich angelegte Terrassengärten, zwischen deren grünen und roten Farben das sanfte Blau der wasserspeichernden Zisternen angenehm auffällt. In diesen schmalen Streifen der Fruchtbarkeit wächst jetzt jedoch nur noch wenig Wein: Frühgemüse und hauptsächlich Tomaten haben die Reben verdrängt, so daß diese herrlich rotglühende Frucht die wirtschaftliche Grundlage für die Bewohner von Bañalbùfar bildet. Der alte Adelspalast ›La Baronia‹ ist heute ein Hotel, in dem man angenehm wohnt, denn die Schönheit des Ortes und seiner Landschaft verschmelzen mit dem im besten Sinne etwas altmodischen Lebensstil der mallorquinischen Hotellerie zu einer wunderbaren Einheit. Wie überall da, wo es schön ist, haben sich auch hier Ausländer ihre Villen gebaut; sie geben dieser reizvollen kleinen Stadt das Fluidum einer erfreulichen und unaufdringlichen Internationalität.

Tief unterhalb der Häuser hält das Meeresufer viele kleine Buchten für Bad und Entdeckungsreisen bereit, die sich über eine kleine Halbinsel bis zum Puerto de Canonge erstrecken können.

Nicht weit von der Stelle wo die schmale Seitenstraße nach Canonge hinunterführt, zweigt von unserer Küstenstraße eine andere wichtige Straße nach rechts ab, die von der Höhe über ein sanft abfallendes Tal hin einen prachtvollen Blick auf die Bucht von Palma bietet. Fahren wir diese Straße nun weiter, so wandelt sich der Landschaftscharakter völlig; der Reichtum der Insel zeigt sich in seiner durch Kultivierung gesteigerten Schönheit, denn gerade der Mallorquiner ist fleißig wie kaum ein anderer Südländer. Luftige Olivenhaine wechseln ab mit Gemüsegärten; Mandelplantagen und Obstgärten mit Orangen und

Zitronen umgeben die schönen alten Landsitze, die das Tal und die Hügel rund um Esporlas und Establiments mit Leben erfüllen.

Kurz nach der oben erwähnten Abzweigung und bald nach der Straßengabelung (deren rechter Zweig nach Puigpuñent führt), liegt *La Granja*, einer der größten und berühmtesten Landsitze Mallorcas. Seine Lage zeichnet sich durch besonderen Wasserreichtum aus, eine Seltenheit auf dieser sonnenüberfluteten und regenarmen Insel. Aus den Bergen ringsum schießen vor Reichtum übersprudelnde Quellen hervor; zwei von ihnen sind im Schloßgarten zu Fontänen gefaßt, deren Wasserstrahl eine Höhe von fünfzehn Metern erreicht. Das Gutshaus, noch in der Araberzeit erbaut, dann Kloster, im 15. Jahrhundert im Besitz der Familie Vida, gehört heute der hier noch ansässigen Familie Fortuny und ist in seiner jetzigen Gestalt im 18. Jahrhundert entstanden. Das Haus ist so weitläufig, daß es fast ein kleines Dorf in sich darstellt. Es hat verschiedene Ebenen und unter ihnen liegen noch Keller, in denen sich die Weinkelter und Ölpressen befinden. Andere Kellerräume dienen dem Handwerk: Töpfer, Schreiner, Kunstschlosser und Weber fertigen in traditioneller Art ihre Erzeugnisse, die zum Teil zum Verkauf an das zur Besichtigung kommende Publikum bestimmt sind. Infolge des Wasserreichtums sind die Gärten und Wiesen um das Schloß grüner und fruchtbarer als irgendwo sonst auf der Insel. Brunnenkresse, Frauenhaar und sanft glänzendes Moos sprießen auf den vorragenden Felsen, Nachtigallen lassen schon am frühen Abend ihren betörenden Gesang hören, und wenn man dieses Tal der Fruchtbarkeit gesehen hat, von der auch noch der Ort Esporlas zehrt, so kommt einem erst zum Bewußtsein, wie trocken und wenig fruchtbar – außer den

›huertas‹ natürlich – viele der anderen Gegenden von Mallorca sind.

Die Straße schlängelt sich nun weiter durch das Tal und kommt zu dem Ort *Esporlas*. Seitdem dieser wohlhabende Handelsplatz sich mehr und mehr zu einer modernen Wohnstadt entwickelt hat, breitet der Ort sich rapide aus. Doch das umliegende Land wird weiterhin Bauernland bleiben, weil hier viele ›Fincas‹ liegen, prächtige Landhäuser wie etwa ›Son Canet‹ mit seinen gepflegten Gärten oder ›Sarría‹ und ›Buñyoli‹ mit ihren ausgedehnten Mandel- und Olivenhainen. Schon in Sichtweite von *Establiments* finden wir eine schöne Finca namens ›Son Berga‹, die mit ihrer Galerie und ihren eingefriedeten Gärten den überlieferten mallorquinischen Stil in großer Reinheit repräsentiert.

Plötzlich aber gerät die ländliche Idylle in den Sog der sich bis in diese Gegend ausbreitenden Stadt Palma und verschwindet unter ihren Bauten.

Da wir die nordwestliche Küstenstraße zu einem Abstecher nach Esporlas verlassen hatten, können wir über Valldemosa zu ihr zurückkehren und schlagen von da an eine mehr nördliche Richtung ein.

Doch sollte man Valldemosa nicht nur als Durchgangsstation ansehen, denn es ist für die meisten Fremden das Hauptziel der Insel, geradezu eine Art Mekka für Kunstbegeisterte.

Von Palma aus führt eine große Hauptstraße dorthin; sie zieht zunächst durch eine Landschaft, die man typisch mallorquinisch nennen kann. Schnurgerade Reihen von Mandelbäumen, mit Johannisbrotbäumen untermischt, begleiten uns, und in ihrer Mitte sehen wir immer wieder die altertümlich anmutenden ›Fincas‹. Nahe Palma finden wir auch einen neuen Landschaftstyp: die Industrielandschaft. Sie spiegelt die wachsende Rolle wider, die Handel und Gewerbe auf Mallorca anzunehmen beginnen. Hier ist es die moderne Form eines alten mallorquinischen Handwerks: die Glasbläserei. Das Werk liegt links der Straße und heißt Artifoc. Auf einer vor ihr sich ausbreitenden Terrasse sind lange Reihen Glasflaschen in verschiedensten Formen aufgestellt; im Ausstellungsraum strotzen die Regale von einer überreichen Auswahl von Zier- oder Trinkgläsern jeder nur denkbaren Art. Es gibt wunderschöne Vasen und auch sehr eigenartige rein dekorative Glaswaren. Ein Besuch dieser Ausstellung zeigt, daß Mallorca sich nicht nur auf seine künstlerische Vergangenheit verläßt, sondern bemüht ist, die Glasbläserei im Geist unserer Zeit zu erneuern.

Verfolgen wir diese Straße weiter, so verengt sich plötzlich die Landschaft und die Szene belebt sich. Aus trockener, brauner Erde steigen graue Felsen empor, die Obstgärten verschwinden und herrliche lichte Ölbaumhaine begleiten unsern Weg. Sie gehören zu den ältesten der Insel, und ihre uralten Stämme, krumm und zerfressen, regen durch ihre bizarren Formen die Phantasie an; man erzählt, der französische Maler und Illustrator Doré habe sich, als er 1855 auf Mallorca weilte, von diesen oft menschen- und tierähnlichen Gestalten zu seinem ›Don Quichote‹ anregen lassen. Von den Ölbaumgärten weiterhin begleitet, windet sich die Straße langsam empor, auf den steileren Hängen kommen Terrassenanlagen zum Vorschein und eine oval sich öffnende Bergmulde nimmt uns auf. An ihrem oberen Rand liegt das Dorf *Valldemosa* und bietet abseits aller Häuser seine eigentliche Krone dar: die ausgedehnten Gebäude des ehemaligen Kartäuserklosters, der ›Cartuja‹.

Für uns Heutige schwingen in dem Namen ›Valldemosa‹ vor allem Erinnerungen an Chopin und George Sand mit, die – allerdings nur kurze Zeit – in einigen der ehemaligen Mönchszellen gewohnt hatten. Doch umfaßt das Ganze der Cartuja, des Dorfes und der Landschaft um Valldemosa viel mehr als nur Erinnerungen. Tiefer und durchdringender als die Gebilde von Menschenhand, die die Cartuja zieren, wirkt die Natur ihrer Umgebung. Solange der Mensch nicht nur sehen, sondern auch innere Eindrücke empfangen kann, muß diese gesegnete Landschaft um Valldemosa einen Zauber ausgestrahlt haben, der die Urbewohner ebenso wie Mauren und Christen angezogen hat. Die ersten Siedler suchten hier ihre Nahrung und ihr Obdach; die römischen Landbesitzer schätzten sie hoch, und die Mauren hatten wegen des Wasserreichtums eine besondere Vorliebe für sie. Einer von ihnen, namens Musa, unterhielt hier einen großen Landsitz, damals unter dem Namen Veletmusa bekannt. Auch König Sancho baute hier seinen Sommersitz, die bauliche Grundlage des späteren Klosters. Er kam auf Rat seiner Ärzte oft hierher, weil er sich in dieser frischen Höhenluft Heilung von seinem Asthma erhoffte. Von seinem späteren Nachfolger, König Martin, wurde das Schloß dann im Jahre 1399 den Kartäusermönchen aus Tarragona übergeben. Sie nannten es ›Kloster des Jesus von Nazareth‹ und bauten es in den folgenden Jahrhunderten mit nie erlahmendem Eifer zu einer großartigen Anlage aus; sie kultivierten den Boden, pflanzten Ölbäume und Wein, erweiterten schon bestehende Terrassengärten und legten neue an und öffneten ihre vom Schweigen erfüllten Zellen den Werken der Kunst. Der endgültige Ausbau der Cartuja zu dem Aussehen, wie es sich heute noch präsentiert, geschah erst im Anfang des 18. Jahrhunderts. Der ganze riesige Gebäudekomplex wurde von nur dreizehn Kartäusermönchen bewohnt und erhalten. Die strengen Regeln der Kartäuser ließen eigentlich nur zwölf Brüder zu, doch durfte auf Grund einer besonderen Erlaubnis ein dreizehnter Mönch hier wohnen. Als der Orden im Jahre 1835 aus Spanien vertrieben wurde, unterlag das gesamte Kloster der Säkularisation, der Staat verkaufte die Gebäude an Privatpersonen, die die einzelnen Zellen als Wohnungen benutzten oder vermieteten und sie der letzten Schätze beraubten. Bei Aufräumungsarbeiten entdeckte man tief unterhalb der Cartuja ein weitverzweigtes Labyrinth von Gängen und Verliesen. In ihnen lagen die wohl konservierten Gebeine vieler Generationen von Mönchen. Die Ordensbrüder hatten einst im Lichte unter dem Gelübde ewigen Schweigens ihre Pflichten erfüllt und ihre guten Taten erhöhten nun nach ihrem Tod die Heiligkeit der Kirche.

Jeder Mönch hatte vor seiner Zelle einen – heute noch bestehenden – kleinen Privatgarten, der ihm einen Teil seines Unterhaltes liefern konnte, vor allem aber einer zum Nachdenken anregenden, sinnvollen Beschäftigung mit der Natur (als Gotteswerk) diente. Am Ende des Klosters ragen die zum Teil wohlerhaltenen, zum Teil restaurierten Reste des Königsschlosses auf, die in ihrer burgartigen Strenge wie in ihrer königlichen Pracht im Gegensatz zu der Schlichtheit des mönchischen Lebens stehen. Nach der Vertreibung der Klosterbrüder ging die Nutzung der Zellen also in weltliche Hände über, und so konnte es geschehen, daß schon 1838-39 George Sand und Frédéric Chopin in einem schlimmen Winter hier eine unfreundliche Wohnung fanden. Beide wurden als nichtverheiratetes Paar und durch ihr unbürgerliches Benehmen und Aussehen auf Mallorca nur ungern gelitten; aus einer ersten Wohnung in Son Vent, nahe Palma, hatte man sie schon hinausgeworfen, und in Valldemosa fanden sie auch keinen Frieden. Lebensmittel wurden ihnen, wenn überhaupt, zu Wucherpreisen verkauft, die Bauern störten sie, beleidigten, erschreckten und behandelten sie wie Aussätzige.

Dennoch finden wir in den Briefen und Schriften der beiden freundliche Stellen; so schreibt George Sand über ihr Domizil: »Jede Zelle bestand aus drei kleinen Räumen, einem mittleren für Lektüre, Gebet und Andacht, der nach innen auf den Kreuzgang und nach außen auf die mauerumgebenen Gärten ging, deren vordere, niedrigere Mauer einen Blick auf das in der Ferne am Meer liegende Palma erlaubte. Auf der dritten Seite dieses mittleren Raumes lag das Schlafzimmer mit einem grabähnlich in die Steinmauer gehauenen Alkoven; auf der vierten lag der Arbeits- und Eßraum mit einer kleinen Öffnung in der Wand zum Kreuzgang, durch die die Mahlzeiten hineingeschoben werden konnten.«

In diese nun leerstehende Behausung zog George Sand mit dem lungenkranken Chopin und ihren beiden kleinen Kindern in dem ungemein kalten und feuchten Winter 1838-39 ein. Hier vegetierten sie zwei Monate lang in Sturm und Regen, umzingelt vom bitteren Haß der Leute von Valldemosa, die von ihren Priestern vor jedem Kontakt mit den ›gottlosen‹ Fremden gewarnt worden waren.

Trotz solcher obrigkeitlicher Warnungen und trotz ihrer gewohnheitsmäßigen Ablehnung alles dessen, was anders war als sie selbst, wurden die Dorfbewohner von ihrer Neugier ins Kloster getrieben, um heimlicherweise Chopin zuzuhören, wenn er auf dem Klavier phantasierte. Er hatte sich einen wertvollen Pleyel-Flügel aus Frankreich schicken lassen, ihn aber erst nach längerer, durch Zollformalitäten wohlberechneter Verzögerung kurz vor seiner Abreise ausgeliefert erhalten. Wenn jedoch nach dem Spiel die Zellentür sich öffnete und der Meister sichtbar wurde, flohen die Lauschenden in panikartiger Eile wieder von dannen.

So unglücklich sich auch Chopin in solcher Umgebung gefühlt haben mußte, komponierte er doch die Musik zu ›La Tempête‹, während Windstöße und Regenschauer durch die Kreuzgänge fegten. Zu gleicher Zeit schrieb die Sand hier ihren ›Winter auf Mallorca‹ und ›Spiridion‹, in den sie lebendig erfühlte Szenerien einfügte, die sie selbst sah, wenn ihre Blicke um das Kloster mit seinen wolkenverhangenen grauen und nassen Felsen oder über das aus der Ferne noch kenntliche gischtsprühende Meer wanderten. Trotz seines schlechten Gesundheitszustandes und seiner Depressionen, die gerade hier Chopin befielen, schlug ihn der Zauber dieser Gegend in Bann, ebenso wie es vor ihm und nach ihm allen anderen feinfühligen Menschen gegangen war. So schrieb er einmal: »Ich lebe hier im Schatten von Palmen, Zedern, Orangen-, Zitronen-, Feigen-, Granatapfel- und Aloëbäumen ... Der Himmel ist türkisgrün, das Meer ist lapislazuliblau und die Berge sind smaragden. Und die Luft? Die Luft ist, wie sie sein muß: aus himmlischen Gefilden.«

Die Zellen, in denen Chopin und George Sand damals wohnten, sahen ganz anders aus als heute, ebenso die größeren und wohnlicheren Unterkünfte des Abtes. Heute zeigen die Zellenfluchten Sauberkeit, Schönheit, ja die Pracht antiker Möbel und geben so den angemessenen Rahmen ab für die in ihnen bewahrten Schätze und Erinnerungsstücke. Die Räume, in denen einst die Äbte wohnten, sind in eine Bibliothek umgewandelt worden; ihre Schränke und Vitrinen bergen wertvolle alte Bücher, Theologisches und Moralisches, vor allem aber auch die Klassiker der Weltliteratur sowie die Dokumente der Klostergeschichte. Gemälde, Zeichnungen und Schnitzereien zieren die Wände der Räume, die mit Tischen, Truhen und sonstigen alten Möbelstücken ausgestattet sind. Zwei besonders eingerichtete Zelleneinheiten gibt man heute als die seinerzeit von Chopin und George Sand bewohnten Räume aus – was nicht stimmt. Dennoch bewahren sie sorgsam ausgewählte und zusammengetragene Erinnerungsstücke – Fotos, Bilder, Briefe, Noten, Widmungen und sogar ein Piano, auf dem Chopin gespielt haben soll. Von unzähligen Touristen besucht, zieht dieses kleine Museum aus dem einst so schlecht behandelten ›Kapital‹ Chopin heute reiche Zinsen.

Die letzte der früheren Mönchszellenwohnungen

besteht aus drei kleinen Räumen, in denen man ein reizvoll intimes Heimatmuseum eingerichtet hat. Im ersten dieser Räume sind eine sehr alte Druckerpresse aus dem Hause der Guasp in Palma und Kästen ebenfalls alter Druckstöcke ausgestellt; die beiden folgenden Zimmer zeigen einen Querschnitt durch die Kultur der Balearen von den Gebrauchsgegenständen der frühesten auf den Inseln nachweisbaren Siedlungen an bis zum Ende der Römerzeit. Eine ganze Wand dieses Raumes ist dem Leben und Wirken des Erzherzogs Ludwig Salvator von Österreich gewidmet, der lange Jahre auf Mallorca verbrachte, die er der Erforschung der Insel widmete. Viele Originalskizzen für sein monumentales schriftstellerisches Vermächtnis, ›Die Balearen‹, hängen an dieser Wand und in einer Vitrine liegen Exemplare seines Werkes.

Für den Kunstfreund wertvoll und darum im Mallorcasaal besonders zu beachten sind einige Gemälde und Plastiken aus der spätgotischen Zeit der Insel; sie beweisen die Eigenständigkeit der einheimischen Meister. In dem Klosterflügel, der diesen Zellen gegenüberliegt, dort, wo er an die Kirche anschließt, befinden sich die Räume der alten Apotheke, die noch lange Jahre nach der Vertreibung der Mönche für die Dorfbewohner in Benutzung blieb. Sie stellt mit ihren alten Instrumenten, Vasen und Töpfen ein perfektes kleines Beispiel der Kunst der Herstellung von Salben und Heiltränken dar. Die eindrucksvolle Kirche – 1738 begonnen, aber erst 1812 fertiggestellt – weist als spätbarocker Bau über dem Grundriß eines lateinischen Kreuzes jene etwas schon leeren Stilformen auf, die zu jener Zeit in fast ganz Europa im Kirchenbau verwandt wurden. Besonders sehenswert ist die Kuppel mit ihren Fresken, figurenreichen Darstellungen von Fray Bayeu, dem Schwager Goyas.

Zum Ausgleich für die genossene Klosterpracht sollte man sich für ein paar Minuten die Mühe eines kleinen Spaziergangs durch das Dorf Valldemosa machen. Man folge der von der Klosteranhöhe abwärts führenden Straße; dort schlage man den kurzen, um die Kirche herumführenden Weg links zur Calle de la Rectoria ein und begebe sich in den Garten des Hauses, in dem der Priester wohnt. Durch den Eingang gelangt man in einen pflanzenbestandenen Vorhof mit einer Krippe, die in den knorrigen Stumpf eines alten Olivenbaumes eingelassen ist. Dann verfolge man diese kurze Straße weiter bis hinter die Kapelle, die aus dem Geburtshaus der heiligen Catalina Thomas entstanden ist. Diese Straße mit ihren blumengeschmückten Mauern gehört zu den bezauberndsten Bildern der ganzen Insel und zählt zu den reizvollsten des ganzen Mittelmeerraumes.

Catalina Thomas wurde hier am 1. Mai 1531 geboren; neunzehn Jahre später nahm sie Dienste auf dem Gute Raxa bei Buñola an. Kurz zuvor war ihre Mutter gestorben, und ihr Vater hatte sich eine ›Haushälterin‹ genommen; darum war für die junge Catalina in ihrem Elternhause kein Platz mehr. Auf einem zum Gute Raxa gehörigen Feld, das nicht bebaut wurde, errichtete Catalina aus aufgelesenen Steinen einen Altar, über dem sie ein Kreuz aus Olivenzweigen anbrachte. Vor ihm betete sie oft und empfing Visionen. Ihre Frömmigkeit fiel den anderen auf dem Gute arbeitenden Bauern auf; das junge Mädchen erschien ihnen von Wundern umgeben. Der Ruhm ihrer Frömmigkeit und die Berichte von der Aura, die sie umgab, breiteten sich bis nach Palma aus. Ein Edelmann namens Castañeda – der später Mönch wurde – kam aus der Stadt herbei, um ihr geistliche Unterweisung zu erteilen. Er nahm sie von Raxa fort und gab sie in den

Dienst einer großen begüterten Familie in Palma. Dort lernte sie Lesen und Schreiben. Später vermittelte der Aristokrat Castañeda ihren Eintritt in das Kloster der heiligen Maria Magdalena. Schließlich wurde sie zur Oberin des Klosters gewählt, doch lehnte sie in ihrer Bescheidenheit dieses hohe Amt ab, das für gewöhnlich den Töchtern aus reichen und mächtigen Familien vorbehalten war. Sie wollte lieber eine einfache Nonne bleiben. Als solche starb sie im Jahre 1574. Catalina Thomas wurde im August 1627, nachdem eine päpstliche Kommission zwei Jahre lang ihr Leben sorgfältig durchforscht hatte, heiliggesprochen.

Es wird berichtet, daß ihr Standbild einmal von Valldemosa nach Palma verbracht werden sollte. Je näher die frommen Männer, die es trugen, nach Palma kamen, desto schwerer wurde ihre Last; schließlich mußten sie sie absetzen. Sie beschlossen, das Standbild zum Dorfe zurückzubringen, und siehe: mit jedem Schritt wurde es leichter und leichter.

Wie zu erwarten, haben Schönheit und Fluidum von Valldemosa im Laufe der Jahre viele Maler und Dichter angelockt, die sich für eine Zeit gerne dort niederließen. Unter denen, die hier gelebt und gearbeitet haben, sind Namen wie Vullier, Sargent, Rusinyol und Meifren; auch der Dichter Rubén Dario und der Schriftsteller Miguel Unamuno haben hier gelebt.

Nachdem uns an den im Museum der Cartuja ausgestellten Werken die Bedeutung des Erzherzogs Ludwig Salvator für Mallorca bewußt geworden ist, wollen wir uns nunmehr seinem eigentlichen, von ihm im großen Stil zusammengekauften Inselparadies zuwenden. Wir folgen darum der aus Valldemosa nach Norden zur Küste führenden Straße, die sich bald schon mit der von Bañalbúfar kommenden vereinigt und fahren nun auf dieser Küstenstraße in Richtung Soller weiter. Inmitten der sich nun eröffnenden landschaftlichen Schönheiten – Steilufer hoch über dem Meer, Palmen und Pinien, Ölbäume und Steineichen – liegt die Stelle, an der Ramón Llull einst seine Missionsschule errichtet hatte; etwa sechshundert Jahre später fand der Platz rundum das Interesse des Erzherzogs. Er ließ die alten Gebäude wiederherstellen und stattete sie auf das Prächtigste zu seiner eigentlichen Residenz *Miramar* aus. Rundherum legte er einen Gürtel von blühenden Gärten, Tempeln, Aussichtswarten und Pavillons. Dann wandte er seine Aufmerksamkeit dem nahebei gelegenen Landsitz ›Son Marroig‹ zu und schmückte ihn gleichfalls aus. Ein anderer, den er gleichsam neu schuf, heißt ›Ca Madò Pilla‹; auf ihm bereitete er allen Wanderern ein kleines irdisches Glück, indem sie bei ihm drei Tage bleiben durften, ohne zu bezahlen. Durch diese freimütig dargebotene Gastlichkeit, einen Tisch zum Essen, ein Bett zum Schlafen und Feuerholz für kalte Nächte, wollte der Fürst seine Liebe zu Mallorca auch praktisch beweisen, denn er hing an der Insel wie die Kaiserin Elisabeth an Korfu.

Die Gutsgebäude von Miramar bewahren museumswürdige Gegenstände aus seinen Sammlungen, Dinge, denen er verbunden war, prachtvolle mallorquinische Möbel und andere Geräte, an denen ein reicher und vornehmer Fürst und Privatmann Gefallen finden mag.

Nahe Miramar steht eine kleine Klause namens ›Els Ermitans‹; sie gehört zu den wenigen heute noch bewohnten Einsiedeleien der Insel. Auf Wunsch öffnet sie zur Mittagszeit dem Besucher ihre Pforte und die Klausner bieten dem Gast freundlich kleine Erfrischungen.

Nach diesem erzherzoglichen, mit besonderer Liebe umhegten Besitztum vollzieht die Straße, dem Lauf der Steilküste parallel bleibend, einen Halbkreis nach Süden; in ihrer Rundung liegt, dem Meere zugewandt, auf terrassenförmig ansteigendem Kegel das Dorf *Deyà*. Selbst wenn man nichts von diesem Orte wüßte, würde man sogleich spüren, daß seine vollkommene Einheit von Landschaft und Architektur ein Dorado für Maler und Schriftsteller sein müßte. In der Tat, seit Jahren ist er das gewesen und heute ist der Name des hier wohnenden englischen Dichters Robert Ranke-Graves zum Symbol für dieses Dorf geworden. Innerhalb seiner gruppenartig aufeinanderfolgenden und ansteigenden Häuser, die von Blüten und ewigem Grün überwuchert sind, spüren wir überall das Wirken schaffender Hände und das Wesen schöpferischer Geister. Kein anderer Ort der Insel läßt sich mit dem besonderen Stil Deyàs vergleichen, kein anderer besitzt diese südländische Atmosphäre von Reife und Beglükkung: Deyà hat etwas von einem sizilianischen Bergnest, nur fehlen ihm die Kargheit und das Wilde der innersizilischen Landschaft.

Man braucht hier nur eine Weile herumzustreifen, in einem der Cafés sitzen oder hinunter zu der intimen Bucht schlendern, um Lust zu bekommen, hier länger zu verweilen. Wer einige Tage in einem der Hotels oder einer der freundlichen Pensionen gewohnt hat, ist einer besonderen, aus Natur und Geist gewobenen Inselatmosphäre teilhaftig geworden, wie er sie in dieser vollkommenen Art nicht leicht wieder antrifft.

Die Küstenstraße löst uns von Deyàs Zaubergestalt und weiter geht die Fahrt zu den wenigen Häusern und dem Hotel von *Lluch Alcari;* auch hier, auf einem ehemaligen arabischen Gutshof, wo Ölbäume und Palmen die Steilküste zum Meer beleben, nehmen wir nicht nur die Schönheit der von Menschenhand gebändigten Natur, sondern auch ihr tausendjähriges Alter in uns auf.

Bald hinter Lluch Alcari senkt sich die Straße in einem grandiosen Abstieg in das Tal von Soller hinab; tief unter uns liegt die Stadt *Soller*, näher zum Meer hin *Puerto Soller*, beide eingeschmiegt in die fruchtbarste Landschaft einer ›huerta‹. Orangen, Zitronen, zu voller Süße gereift, waren einst der bedeutendste Ausfuhrartikel des Hafens; das reichlich von den Bergen strömende Wasser schenkt heute den Gemüsegärten eine vierfache Ernte. Wir erkennen in der klaren Luft jede Einzelheit, freuen uns auch an der Schönheit der von Menschenhand geschaffenen Ordnung; doch wenn wir den Blick heben, so trifft unser Auge auf die kahl über dem Tal aufsteigenden hohen Berge, von denen der Puig Mayor und die Massanella die höchsten der Insel sind. Dennoch spürt man, daß sie alle eine Einheit sind: die Berge, die ›huerta‹ und die Städte Soller und Puerto Soller.

Zwischen beiden Orten mündet unsere Straße auf die große, von Palma her kommende Hauptstraße ein, und ehe wir Hafen und Stadt besuchen, wollen wir im Geiste ein gutes Stück auf dieser Straße in Richtung Palma zurückfahren.

Es ist gut zu wissen, daß man auf dieser großen Straße zwei der berühmtesten Landsitze der Insel findet. Von Soller aus im engen Tal kurvenreich aufsteigend – sechsunddreißig Spitzkehren sind es, glaube ich – erreicht man die Paßhöhe, von der aus man einen wunderbaren Blick über die Ebene und die am Meer liegende Stadt Palma hat. Der Abstieg vollzieht sich ähnlich wie der Aufstieg, nur geht er sanfter vor sich. Wenn die Straße wieder eben wird, erreichen wir *Alfabia*. Dieser alte Landsitz hat ein doppeltes Wesen:

er erinnert an arabische wie an italienische Landgüter; ihn umgibt eine Aura von tropischer Vegetation und von mallorquinischer Gartenkultur. Er wirkt wie eine in sich abgeschlossene ländliche Insel auf der Insel, voll von Geschichte, Natur, Kunst und Kultur. Ursprünglich war Alfabia der Landsitz eines maurischen Gouverneurs von Pollensa und Inca namens Benahabet, der sich unmittelbar nach der Landung von König Jaime I. auf dessen Seite schlug. Benahabet half den Spaniern politisch und verwaltungsmäßig und sorgte für die Verpflegung der königlichen Truppen. Aus Dankbarkeit schenkte ihm der König seinen eigenen Landsitz Alfabia.

Der Stil des Gutshofes läßt uns in vielen romantisch scheinenden Einzelheiten die müßige Bequemlichkeit arabischer Lebenskunst ahnen, die einst hier geherrscht hat. Man betritt den Herrensitz durch ein Tor, das bereits klar erkennen läßt, daß es das Portal zu Ungewöhnlichem ist. Eine lange Reihe hoher Platanen führt zu einem Torbau, durch den man den schönen Innenhof betritt. Die Decke dieses Torbaus wölbt sich innen zu einem holzgeschnitzten Plafond mit einer kunstvollen Deckenbemalung nach Art jener Muster, die man in der Alhambra findet, nämlich den bei den Arabern so beliebten geometrischen Honigwabenstil. In diesem das Auge etwas verwirrenden Muster finden wir die maurische Inschrift: »Das Gesetz ist Gott. Die Gnade ist von Gott. Gott ist groß. Aller Reichtum kommt von Gott.« Benahabet, der maurische Gouverneur und letzte arabische Besitzer dieses reichen und reizvollen Landsitzes, unternahm es – aus welchen Gründen auch immer dem Christentum nahestehend –, seinen Reichtum zu der Größe Gottes in Beziehung zu setzen. Der Hauptteil der Villa ist erst später gebaut oder erneuert worden, der sarazenische Turm aber ist bis heute stehen geblieben; die späteren Aus- und Anbauten stammen größtenteils aus dem Barock, nur die wuchtigen Türen am Eingang gehörten früher zum Palast der Inquisition in Palma. Sie sind im 19. Jahrhundert nach Alfabia gebracht worden. Der Speisesaal trägt eine arabische Decke mit mallorquinischen Malereien. Die Wände sind mit schwerem, auf der Insel hergestelltem Nesseltuch ausgeschlagen. In der Bibliothek ist eine kostbare Sammlung von erlesen geschriebenen und schön gebundenen Pergamentbänden zu sehen. Hier steht auch ein gotischer Stuhl, bekannt als: ›Stuhl der Wünsche‹. Er wurde auf Bestellung von König Martin im Jahre 1399 zum Gedenken an den unglücklichen König Jaime III. angefertigt. Eine auf ihn bezügliche Szene ist in die Vorderseite des Stuhles eingeschnitzt, sie zeigt die Königin und einen Lorbeerbaum, auf dessen drei Zweigen je eine Fledermaus als Symbol der Trauer sitzt. Die Schnitzerei auf der Rückseite stellt die beiden an der Leiche des Königs trauernden Kinder dar.

Als Isabella II. im Jahre 1860 hier erwartet wurde, ließen die Besitzer von Alfabia, seit 1615 die Familie Zaforteza Villalonga, vor dem Eingang des für die Königin bestimmten Schlafgemaches ein kunstreiches Portal errichten. Auch sonst sind in den Gutsgebäuden viele Dinge zu sehen, wie man sie auf einem solch geschichtsträchtigen Adelssitz erwarten darf.

Die Gärten von Alfabia gehören zu den berühmtesten der ganzen Insel, wenngleich dieses Urteil natürlich eine Geschmacksfrage ist. Wie in La Granja gibt es auch hier reichlich Wasser. Dieses unaufhörliche Strömen verleiht den Gärten von Alfabia eine Ähnlichkeit mit denen der Villa d'Este in Tivoli bei Rom. Riesige, jahrhundertalte Palmen aller Art umstehen die kleinen Teiche; die seltensten Gewächse gedeihen hier, darunter eines, Waygandia genannt, das ursprünglich aus Japan gekommen ist. In diesem Park vergißt man, daß Mallorca hauptsächlich eine Insel der Dürre ist. Große Nutzgärten, Ölbaumhaine und Orangenplantagen umgeben die Palmengärten. In ihnen ist, nahe des Schloßes, ein romantischer Winkel freigelassen, in dem man eine Orangenbar eingerichtet hat. Sie bietet dem Besucher fast zu jeder Jahreszeit köstlichen, frisch gepreßten Orangensaft.

Elf Kilometer von Alfabia entfernt, in Richtung Palma, gibt es noch ein etwa gleichgroßes Landgut, *Raxa*, der Familienbesitz des Kardinals Despuig. Schon zur Zeit der Landung König Jaimes I. war es der Sommersitz einer reichen Maurenfamilie. Nach der Eroberung der Insel verlieh der König Land und Schloß dem Grafen von Ampurias als Belohnung für seine Dienste. Im Jahre 1620 ging es in den Besitz der Familie Despuig aus Mallorca über. Ein Nachkomme dieser Familie, dem das Gut gehörte, der Kardinal Despuig, besaß eine Villa bei Albano in Italien, die nahe der Stelle erbaut war, an der früher ein römischer Tempel der Göttin Egeria gestanden hatte. In den Jahren 1787 bis 1796 beschäftigte sich der Kardinal dort erfolgreich mit Ausgrabungen, wobei er eine große Anzahl schöner, römischer Statuen und Gebrauchsgegenstände ans Licht brachte. Diese Funde schickte er an seinen Familienbesitz in Raxa. Viele von ihnen sind heute noch zu sehen, doch sollten die Stücke dieser Sammlung nicht mit den Bodenfunden aus der Zeit der römischen Besetzung der Insel verwechselt werden.

Die Gärten von Raxa sind nun wirklich nach dem Muster der Villa d'Este in Tivoli gestaltet worden und zeugen von der Vorliebe des Kardinals für italienische Gartenkunst. Die wahrscheinlich faszinierendste Baulichkeit auf Raxa ist die Treppe, die so anmutig über die Terrassen des Gartens aufsteigt. Oben auf dem Hügel hinter dem Haus thront in resignierter Schlichtheit der alte maurische Wachtturm.

Nachdem wir unsere Fahrt entlang der Nordküste durch einen Besuch von Alfabia und Raxa unterbrochen haben, kehren wir in das Tal von Soller zurück. Hafen und Stadt von *Soller* sind der eigentliche Mittelpunkt der Nordküste. Die Buchten an dieser bei Nordwind oft gefährlichen Küste sind atemberaubend schön. Sie bieten den Fischern, wie auch Generationen von Schmugglern, viele Vorteile und schenken dem aus dem traurigen Norden kommenden Fremden ein traumhaftes Bild. Wer von Soller aus die nicht leicht erreichbaren Berge besteigt, erlebt die Freude und Befriedigung, aus eigener Kraft aus dem subtropischen Grün der Küste durch Obst-, Oliven- und Orangengärten hindurch in eine felsige Alpenwelt mit kargster Vegetation emporzugelangen. In dieser hohen Region finden sich tiefe Höhlen in den Felsen, aber sie haben keine Ähnlichkeit mit den berühmten Touristenhöhlen der Ostküste von Mallorca. Diese Höhlen waren Zeugen des Ringens der Menschen um den Aufstieg aus einem rein animalischen Dasein zu etwas, was er als seine Bestimmung empfand. Jahrtausendelang lebten Mensch und Tier in diesen Höhlen miteinander. Heute offenbart die Radiokarbonmethode, aus welcher Zeit die Fundstücke stammen: nach dieser Forschungsmethode gibt es in diesem Gebiet Mallorcas seit ungefähr siebentausend Jahren menschliches Leben.

Durch ihre Schönheit und ihre interessante Geschichte ist die Stadt Soller mit ihrem Hafen Puerto Soller der eigentliche Magnet der Nordküste. In arabischen Zeiten hieß diese Siedlung Suliàr; die Araber gaben ihr diesen Namen, weil das Tal, das dort so fruchtbar und strahlend vor ihnen lag, ihnen wie eine herrlich geschwungene Muschel erschien.

Das vorzüglichste Olivenöl der ganzen Insel, hell und köstlich, stammt von jenen Bäumen, die in grüner und silbergrauer Fülle im Tal von Soller wachsen. Die sie umgebenden, tiefer liegenden Weingärten heben sich durch andere Form und dunklere Farbe von ihnen ab. Zwischen ihnen stehen in langen Reihen Orangen- und Zitronenbäume mit ovalen Kronen und – während der Blütezeit – mit betörend süßem Duft.

Soller ist eine bedeutende Stadt; schon zur Maurenzeit besaß sie genügend eigene Anziehungskraft, um wenigstens kulturell der Hauptstadt Palma nicht nachzustehen. Nach der Eroberung der Insel durch Jaime I. erhielten die Edlen seines Gefolges Ländereien in diesem Tale verliehen. Von da an entwickelte sich in den neuen Bewohnern Sollers ein berechtigter Bürgerstolz auf ihren neuen Besitz. Mit Ausnahme der schon bestehenden arabischen Bäder bauten sie alle die Einrichtungen weiter aus, die die Araber schon geschaffen hatten. Im Jahre 1324 wurde ein Hospital gegründet, um etwa die gleiche Zeit ein Armenhaus und eine Schule, und durch viele Jahrzehnte hindurch wurden die Hafenanlagen immer wieder verbessert. Die ersten Jahrzehnte des 17. Jahrhunderts brachten eine neue Industrie in das Tal, die eine geradezu revolutionäre Auswirkung auf den langsamen Rhythmus des Wartens auf das Reifen der Orangen und Trauben haben mußte: in diesen Jahren kam die Kunst der Seidenraupenzucht nach Mallorca.

Bald wurden alle Hänge rund um Soller von Pflanzenkulturen bedeckt, die für den gefräßigen und wertvollen Wurm, der den festen Silberfaden hervorbrachte, bestimmt waren. So kam zu dem natürlichen Reichtum dieses Tales noch ein neuer Schatz hinzu. Dennoch ist die Geschichte von Soller mit seinem blühenden Tal nicht immer eitel Wohlstand und Wachstum gewesen. Die Handelsschiffe, die seinen geschützten Hafen anliefen, schleppten Krankheiten und Seuchen ein. Andere Schiffe brachten Piraten arabischer Herkunft, die entschlossen waren, für den Verlust der Insel blutige Vergeltung zu nehmen. Das Land wurde geplündert und die Menschen und Häuser gebrandschatzt. Raub und Mord waren die Schrekken dieser mittelalterlichen Zeit. Als Schutzmaßnahme gegen diese Überfälle baute man Befestigungen um den Hafen und an allen strategisch bedeutsamen Punkten. Auf den Felsvorsprüngen der zerklüfteten Küste wuchsen Wachttürme aus dem Boden, Atalaya genannt. Verlassen stehen sie heute in der Landschaft und werden von Landfremden mit den ihnen nicht verwandten, viel älteren Talayots verwechselt.

In Soller gibt es Straßen mit Reihen von Patrizierhäusern, die ebenso gut in den alten Aristokratenvierteln von Madrid oder Paris stehen könnten. Wenn die Fensterläden geöffnet sind, fällt das Auge des Vorübergehenden auf goldgerahmte Ahnen-Porträts in Halskrause und Seidenkleidern, schwere, mächtige Schränke, verzierte Spiegel und prächtige Vasen aus dem Orient. Sind die Türen zu den Vestibülen nur angelehnt, so bieten sich den neugierigen Augen des Passanten zwei Spalierreihen steifer Stühle mit geraden Rückenlehnen. Von diesen kurzen Einblicken empfangen sein Auge und seine Phantasie die Vision einer Lebensform, die fast kein Fremder jemals selber kennengelernt hat.

Ein paar Café-Bars der Stadt spiegeln noch eine andere Eigenheit des Lebens in dieser Gegend. Eine davon befindet sich in der Calle Juan Bautista, die vom Hauptplatz namens Ca'n Cuxi abgeht. Dort fand einst der Lokalsport der Hahnenkämpfe statt. Zu anderer Zeit war diese Café-Bar auch als Sammelpunkt des ›Hofes der Wunder‹ bekannt: Bettler, Invaliden, Seeleute tauchten plötzlich hier auf, nachdem man jahrelang nichts von ihnen gehört oder gesehen hatte; immer wieder wurden sie vom Heimweh in diese Bar zurückgezogen.

In der Calle Pastor Nummer 12 ist ein kleines, aber interessantes Museum zu besichtigen. Hier hat der Besitzer, Bartolomé Ensenat, Stücke zusammengetragen, die er auf den Feldern und in den Höhlen der Umgebung gefunden hat. Nach seiner Meinung befanden sich hier die ältesten Ursiedlungen der Insel. Er sieht seine Ansicht bestätigt durch die Überreste eines Erzlagers aus der Bronzezeit um 2000 v. Chr. Seine Ausgrabungen beweisen außerdem die Existenz von Handelsbeziehungen zwischen den Bewohnern des Soller-Tales und den Phöniziern, Griechen und Karthagern.

Die Stadtkirche war ursprünglich gotisch. Bei einem Piratenüberfall im Jahre 1561 wurde sie schwer beschädigt. Dieser Überfall endete mit einem großen Sieg der Einheimischen und wird noch heute jedes Jahr im Mai in der Stadt gefeiert. Die Kirche wurde dann stark befestigt und sowohl als Kultstätte wie als Zuflucht benutzt, bis sie in der zweiten Hälfte des 18. Jahrhunderts im Barockstil renoviert wurde. Vor einigen Jahrzehnten ist sie von dem Architekten Rubio, einem Schüler von Antonio Gaudí, umgestaltet worden. Der Schutzpatron dieser Kirche ist der heilige Bartholomäus, von dem eine schöne neapolitanische Statue neben dem Hochaltar steht. Die Kirche bewahrt auch eine Reliquie des heiligen Sebastian.

Die Hauptstraße verläßt Soller auf halbem Wege zwischen Stadt und Hafen. Sie steigt sogleich an, dem Gebirgskamm der Sierra de Torrellas entgegen. Zur Rechten, versteckt in den ansteigenden Senken des Haupttales, liegen zwei noch fast unberührte Dörfer, *Fornalutx* und *Biniaraix*. In diesen Dörfern scheint die Zeit stehengeblieben zu sein; generationenlang hat sich das Leben dort nicht grundlegend geändert.

Wir kehren nun wieder auf die sehr bald steil in das Gebirge steigende Landstraße zurück. Immer fesselnder werden die Ausblicke nach unten, und plötzlich flacht sich die Straße an einem Aussichtspunkt kurz ab. Dahinter öffnet sich ein Tunneleingang. Hier sollte man noch einmal einen Blick auf die fruchtbare

Ebene des Tales von Soller werfen und auf die in diesem Augenblick auftauchende kreisrunde Bucht. Um den scharfen Kontrast, der einem nun bevorsteht, voll wahrzunehmen, sollte man dieses Bild bei der Einfahrt in den Tunnel in seinem inneren Auge festhalten. Kommt man dann auf der anderen Seite wieder heraus, erwartet einen eine völlig andere Welt. Dramatisch aufgetürmte Felsen umgeben die Straße, dazwischen liegen kleine, dürre Lichtungen; verschwunden sind die Obstgärten, Schafe und Ziegen weiden das bißchen Grün ab, das die Natur hier nur widerstrebend hergibt. Eine Stimmung von Verlassenheit liegt über der Landschaft. Es ist eine Welt der Selbstgenügsamkeit, eine Welt der Hirten.

Ein paar Kilometer weiter, wo sich die Straße auf der letzten Etappe vor dem letzten zur Zeit nicht freigegebenen Aufstieg zum Puig Mayor, dem höchsten und prägnantesten Berg der Insel, dahinschlängelt, kommt eine Stelle mit Namen *Estret d'Almallutx*. Hier befand sich einst ein prähistorisches Dorf, das erst vor kurzem teilweise rekonstruiert worden ist. Zwei riesige Säulen, die umgestürzt waren, sind wieder aufgerichtet worden. Noch heute hat diese Stelle eine Atmosphäre, wie sie für das Leben in der Bronzezeit charakteristisch gewesen sein mag.

Eine kurze Strecke weiter, wo man es am wenigsten erwartet, zweigt eine Straße nach links ab. Der Wegweiser weist nach La Calobra und durch den aus dem Felsen gehauenen Hohlweg zur Schlucht des *Torrent de Pareis*. Die wilde Landschaft ringsum und die erschreckenden Tiefblicke, die diese Strecke mit ihren Windungen und ihrem steilen Gefalle gewahrt, sind zweifellos die erregendsten Erlebnisse der Inselfahrt. In den trockenen Jahreszeiten kann man die Schlucht des Torrent betreten. Ein aus dem Felsbett ausgehöhlter schmaler, einige hundert Meter langer Tunnel nahe dem Ufer der Bucht führt hinein und man hat das Gefühl, sich in ein Bergwerk zu begeben. Der Weg wird belohnt, wenn plötzlich die Szene sich golden vor einem öffnet und sich nach allen Seiten hin auszuströmen scheint. Wahrscheinlich kann man nirgends auf der Insel ähnliches erleben. Die schroffen Felsen der Schlucht sind überwältigend, aber nicht in einer bedrohlichen Weise. Sie führen einem nur das Majestätische der Natur vor Augen und geben dem Wanderer zu ihren Füßen das Gefühl, daß es ein Privileg sei, sich bewegen zu können. Den Ufern des Flußbettes folgend, kann man tief in das Innere der Berge eindringen und das Mosaik von Fauna, Flora und geologischen Bildungen, das die Schlucht birgt, erforschen.

La Calobra selbst ist ein Miniatur-Ferienort, ruhig und angenehm. Es ist genau genommen gar kein Ort: lediglich ein gutes Hotel, eine Pension am Strand und ein paar Cafés am Rande des Torrent de Pareis. Das kristallklare Gewässer der Bucht einfassend, ragen die roten und braunen Felsformationen senkrecht empor. Hier herrscht, wie sonst wohl nirgends auf der Insel, die Stimmung freundlicher Abgeschiedenheit. Hier versinkt die übrige Welt, ja die übrige Insel ins Wesenlose.

Unser nächstes Ziel auf der Gebirgsstraße ist das *Kloster Lluch*. Von allen heiligen Stätten Mallorcas wird dieses Kloster am meisten verehrt. Es wurde im 14. Jahrhundert an der Stelle erbaut, an der die heilige Jungfrau einem Hirten erschienen ist. In einer kleinen Kapelle, die zu den ausgedehnten Klosteranlagen gehört, steht unter einem prächtigen, holzgeschnitzten und vergoldeten Baldachin die winzige Statue der heiligen Jungfrau, genannt La Moreneta.

Ihren Kopf umgibt ein Heiligenschein aus reinstem Silber. Diesem kleinen Muttergottesbild werden wunderbare Kräfte zugesprochen.

Die Klosterbauten schmiegen sich in einer Höhe von ungefähr 400 Metern über dem Meeresspiegel in die Landschaft. Im Gegensatz zu der dramatischen Kargheit der soeben durchfahrenen Gegend ist der Landstrich um das Kloster herum verhältnismäßig grün. Nähert man sich ihm freilich von der anderen Inselseite, ist der Eindruck ganz anders.

Unterhalb des Klosters taucht von Zeit zu Zeit ein Pfad auf, der sich, heute kaum mehr erkennbar, von der Stadt Inca zum Gebirge hinaufschlängelt. Er windet sich am Rande steiler Abgründe nach oben, taucht dann vorübergehend hinab in steinige Schluchten, heftet sich wie eine Girlande an schroffe Bergzinnen. Die ganze Strecke entlang schmerzen spitze Stückchen Feuersteine den Fuß. Auf diesem symbolischen Pfad erklommen die Mönche von Lluch die irdischen und geistigen Höhen auf denen sie Wohnung nahmen, Andacht übten und Gottesdienst hielten. Jahrhundertelang glitten sie hin und her über diesen schmalen Pfad, wohl in der Erkenntnis, daß diese Umstände den Gegensatz zwischen ihrem irdischen Dasein und dem himmlischen widerspiegelten, das sie sich als Belohnung erhofften.

Als Dorè für seine Illustrationen zu Dantes ›Fegefeuer‹ Landschaftsskizzen machen wollte, kam er nach Lluch, dessen Umgebung ihm Vorbild für die Szenen wurde, die er im Sinn hatte. Er scheint hier genau das gefunden zu haben, was ihm vorschwebte: ein unübersichtliches Meer von phantastisch aufgetürmten Felsen, deren Steilwände durch die seit Jahrmillionen wirkende Kraft des erodierenden Wassers eine manchmal grobe, manchmal feine Riffelung erfahren haben, die an die Kannelierung griechischer Säulen denken läßt.

Die jetzige Kirche und ein großer Teil der Klosterbauten stammen aus dem 17. und 18. Jahrhundert, einige Erneuerungsbauten jedoch aus jüngster Zeit. Ein kleines, wohlgeordnetes Museum enthält vorgeschichtliche Gegenstände, Münzen, sakrale Kunst und Opfergaben für die heilige Jungfrau. Ein bescheidenes Gasthaus bietet mönchische Unterkunft und Verpflegung all denen, die im Einklang mit dem Geist des Ortes sich der heiligen Maria anvertrauen möchten.

Wie schon mehrmals, haben wir jetzt die Wahl, unsern Weg nach Nordosten fortzusetzen oder durch das Herzstück der Insel nach Palma zurückzukehren. Dieses Mal könnten wir das auf dem Wege über Inca tun. Doch wollen wir vorerst unsern Ausflug an der Nordküste auf der Autostraße fortsetzen, die vom Kloster Lluch in Richtung Pollensa, Puerto Pollensa und Cabo Formentor verläuft. Eine Zeitlang geht es durch das Reich der wilden Berge, doch bald schon beginnen die Bodenkulturen der sanfteren Regionen und die Straße senkt sich ihnen entgegen. Zuerst kommen kleine Bauernhöfe, doch dann setzt sich der Typus der großen ›Fincas‹ durch. Wir sind auf dem Wege nach Pollensa. Diese Gebirgsstadt hat eine angenehme Atmosphäre von Altehrwürdigkeit. Für's erste freilich wollen wir nur hindurchfahren, um unsere Reise durch den nördlichen Küstenabschnitt mit einem Besuch von Cala de San Vicente und der Halbinsel Formentor abzuschließen. Die Bucht von *San Vicente* ist wieder eines von Mallorcas Sonnen-, Meeres- und Sandparadiesen, das der Gefahr, ein überlaufener Urlaubsort zu werden, ziemlich entgangen ist. Wohl gibt es hier Hotels und alle wünschenswerten Bequemlichkeiten, aber bisher doch kaum in dem Umfang, daß sie sich zum Schaden der natürlichen Schönheit dieser Gegend auswirken könnten.

Nördlich von Cala de San Vicente erstreckt sich etwa zwölf Kilometer hinaus ins Meer die wildgezackte Küste der waldreichen Halbinsel *Formentor*, die wie eine Umrahmung der Bucht von Pollensa wirkt. Die Straße dorthin führt über Puerto Pollensa, auf das wir noch zurückkommen werden. Formentor ist ein Wesen für sich. Jahrhundertelang hat es Eroberer und Piraten angezogen, wie es auch die Dichter zu allen Zeiten fasziniert hat. Wenn sein Boden auch heute nichts mehr hergibt, so brachte er doch einst Weizen in Überfülle hervor. Davon stammt auch sein heutiger Name, der vom lateinischen ›Frumentorum‹ über das katalanische ›Forment‹ zu Formentor wurde. In der Gegend von Cases Velles sind noch heute alte Kornspeicher zu sehen, in denen man bei Piratenüberfällen das Getreide versteckte. Nach der römischen und arabischen Besatzungszeit gab König Jaime I. die Halbinsel Berenguer Burguet als Lehen; dann wechselten die Besitzer. Mehr als zwei Jahrhunderte lang gehörte sie der Familie des berühmten mallorquinischen Dichters Miguel Costa y Llobera, der am 16. Oktober 1922 starb.

Hell leuchtende Strände und überraschend auftauchende kleine Buchten säumen und zieren die Ufer der Halbinsel und üben ihre Anziehungskraft auf alle aus, die gern in den blauen Himmel hinein leben. Die durch Formentor hindurchführende Straße endet an einem unter der Herrschaft von Isabella II. 1862 erbauten Leuchtturm. An einem der höchsten Punkte steht auch ein typisch mallorquinischer Wachtturm, der Atalaya d'Albercuix vom Ende des 16. Jahrhunderts. Er diente bei Überfällen dem Austausch von Warnsignalen mit den Türmen von Alcudia und am

Castillo del Rey. Eines solchen Überfalles, der in der Nacht des 30. Mai 1550 erfolgte, wird heute noch alljährlich in Pollensa feierlich gedacht. Die Angreifer waren durch den legendären Juan Mas zurückgeschlagen worden. Andere maurische Piratenüberfälle auf dieses Gebiet haben Costa y Lobera zu einigen Gedichten inspiriert.

An der Bucht *El Pi de la Posada* steht heute ein Luxushotel – das Hotel Formentor –, von dem Argentinier Adam Diehl entworfen und erbaut, ein berühmt gewordenes Haus und ein Anziehungspunkt für Touristen aus aller Welt; der Herzog von Windsor wie der Dichter Hemingway weilten oft und gerne hier. Durch ihre Mischung von wilder Bergschönheit, tiefstem Frieden der Pinienwälder und exklusiver Gastronomie besitzt die Halbinsel Formentor eine Sonderstellung.

Die große Straße, die von Palma aus nordöstlich durch das Innere Mallorcas zu den Städten Pollensa und Alcudia sowie ihren beiden Hafenstädten und damit zur Küste führt, verläuft so gerade wie eine moderne Straße, doch dadurch verrät sie ihren eigentlichen Ursprung: sie wurde von römischen Legionären angelegt und legt damit Zeugnis ab für die hochentwickelte Technik des römischen Straßenbaues um die Zeitenwende. Man hat geschätzt, daß die Römer in ihrem Imperium im ganzen etwa 140 000 Kilometer Straßen für militärische und Verwaltungszwecke gebaut haben, und Mallorca hat auch einen Teil davon abbekommen. Alle nachfolgenden Eroberer, die Byzantiner wie die Araber, haben die Römerstraßen benutzt, instandgehalten oder ausgebaut, denn Besseres konnten auch sie nicht vollbringen.

Wir fahren nun auf dieser Straße geradenwegs durch die flachen und wohlbebauten Landstriche des Inneren, berühren die schöne Stadt Inca, fahren weiter durch geschichtsträchtige Landschaft und kommen nach Alcudia, das am Fuße einer die Buchten von Pollensa und Alcudia trennenden, weit vorspringenden und nur zum Teil zugänglichen Halbinsel liegt. Dieses ganze Küstengebiet ist wahrscheinlich – Ausgrabungen bezeugen es – schon in frühgeschichtlicher Zeit besiedelt gewesen. Wie so oft auf Mallorca, hatten sich auch hier den beiden Städten Alcudia und Pollensa zwei gleichnamige Hafenorte zugeordnet; diese beiden – Puerto Pollensa und Puerto de Alcudia – haben eine von den Mutterstädten abweichende Entwicklung genommen und zum Teil auch ihre Namen gewechselt.

Vereinfacht gesehen, stellt sich das Werden und

zum Teil Sterben dieser vier Städte ungefähr so dar: die früheste, uns durch Funde und spätere römische Texte bekannt gewordene Siedlung stand wohl nahe der Stelle des heutigen Alcudia. Als Quintus Caecilius Metellus, ein römischer Feldherr, im Jahre 121 v. Chr. die Insel Mallorca für Rom in Besitz nahm, ging er von seinem in der Bucht von Alcudia – etwa bei dem heutigen, erst in neuerer Zeit entstandenen Puerto de Alcudia – ankernden Schiff an Land. Er berichtet von einer reichen und blühenden Stadt, deren Name seit jeher Bocchoris gewesen sei. Dieser wurde jedoch von den Römern in Pollentia umgeändert, und unter diesem neuen Namen blieb es während der Römerzeit die Hauptstadt Mallorcas. Die Blütezeit der Insel unter römischer Verwaltung dauerte bis 400 n. Chr.; die Vandalen fielen ein und flohen wieder, die Byzantiner eroberten Mallorca und wurden gegen 800 von den Arabern vertrieben, die auf den drei balearischen Inseln blühende Emirate errichteten. Die Mauren brachten ihre hohe Kultur mit, die der damaligen europäischen weit überlegen war; sie bauten Parkanlagen und Schlösser, Wasserleitungen, Schöpfräder, Bäder und Terrassengärten; Palma wurde die Hauptstadt und erhielt einen heute noch in Resten vorhandenen Königspalast. Im Zuge der arabischen Besitznahme Mallorcas verlor Pollentia seinen Namen und hieß von nun an Alcudia (Al Kudia – der Hügel) und behielt ihn auch dann noch, als 1229 der aragonesische König Jaime I. Mallorca für die Christenheit zurückeroberte. Durch seine günstige Lage an zwei Buchten zum Seehandel bestimmt, wuchs Alcudia zu einer reichen, von starken Mauern und Türmen geschützten Stadt heran. Als ab 1400 die maurischen und berberischen Piratenüberfälle auf die Inseln zu einer unerträglichen Plage wurden, verließ auch die Bevölkerung von Alcudia ihre Heimstätte, zog weiter ins Land zurück, dem Gebirge zu, und gründete hier eine neue Stadt. In Erinnerung an das einstige römische Pollentia erhielt diese Gründung den Namen Pollensa. Auch diese neue Stadt, dem Gebirge und dem bäuerlichen Leben zugewandt, blühte auf und schuf sich, nach Aufhören der Seeräuberüberfälle, im Hafen von Puerto Pollensa ihren Zugang zum Meer.

So hat die Geschichte auf nahem Raum vier Städte hervorgebracht, deren Einwohnerzahl zwar klein ist – Pollensa als größte hat vielleicht 12 000 Einwohner –, deren Schönheit und Bedeutung im Ganzen der Insel jedoch einen hohen Rang einnehmen. Jede einzelne dieser vier Städte ist von den anderen grundverschieden, was als Beweis für die Logik der geschichtlichen Entwicklung anzusehen ist.

Zwischen Pollensa und Puerto Pollensa besteht ein Unterschied, der durch die Worte ›Bauernschwere‹ und ›Touristenfröhlichkeit‹ ungefähr umschrieben werden kann. *Pollensa* liegt zwar nur hundert Meter hoch, dennoch ist sein Gesicht den Bergen zugewandt; im Norden erstreckt sich das zerklüftete Küstengebirge, die Ternellas, im Süden erhebt sich der freistehende Puig de Pollensa mit alter Wallfahrtskirche, zwischen ihnen liegt eine fruchtbare ›huerta‹ mit Ölbaum- und Mandelhainen sowie Orangengärten. Die Gassen der Stadt sind schmal und düster, die Mauern, aus schweren Bruchsteinen, wirken trutzig und sprechen von Verteidigung; sehenswert ist der alte Hahnenbrunnen, der ›Font del Gall‹, nahe der Jesuiten- und Pfarrkirche. Am Nordrand hat eine noch erhaltene und auch benutzte zweibogige Römerbrücke die Zeiten überdauert, Bauernkarren fahren darüber, Kinder spielen auf ihr, man sieht ihr ihre zweitausend Jahre kaum an. Von eindringlicher strenger Form ist der getreppte und von uralten Zypressen eingefaßte Weg auf den Kalvarienberg.

Der Hafen, *Puerto Pollensa*, stellt in jeder Beziehung das Gegenteil seiner Mutterstadt dar: er ist zu einem betriebsamen, freundlichen Badeort geworden, der durch seine längs der Bucht aneinandergereihten Hotels, Bars, Restaurants und Läden an die Adriaküste erinnert. Nur wenn der Blick des Gastes über die Bucht zu den kahlen Bergen der Halbinsel Formentor schweift, wird er sich der Stärke und Eindringlichkeit der mallorquinischen Landschaft bewußt. Puerto Pollensa ist ganz der richtige Ort für badefreudige Feriengäste; hier finden sie all das, was ihnen Erholung und Vergnügen verspricht.

Wie anders dagegen *Alcudia* und seine nahe kleine Hafenstadt Puerto de Alcudia. Obgleich neuerdings auch stark von Touristen besucht, hat diese eigenartig schöne, in spanisch-maurischer Gotik erbaute Stadt ihr altes Gesicht behalten. Durch das Tor ›El Muelle‹ tritt man ein, durch das Tor ›San Sebastian‹ kommt man wieder hinaus; eine fast vollständig erhaltene und mit Türmen bewehrte Stadtmauer zieht sich rund um die Stadt und bezieht die beiden Tore in sich ein. Die enge Hauptstraße windet sich von Tor zu Tor durch das Innere und sendet nach beiden Seiten hin schmale Gassen aus, an denen festungsartige Häuser mit gotischen Portalen und Fenstern liegen. Ein kleines, hervorragend eingerichtetes Museum zeigt erlesene vorgeschichtliche und römische Funde. Alcudia ist stolz auf seine Vergangenheit, nicht nur auf das Erbe der römischen Kultur, sondern auch auf den ihm im Jahre 1535 von Karl v. verliehenen Titel ›die treue Stadt‹. Mit dieser Auszeichnung wollte der Kaiser die Tapferkeit der Bürger belohnen, mit der sie dem Ansturm aufständischer Bauernscharen standgehalten hatten.

Wer unberührte mittelmeerische Schönheit liebt, sollte versuchen, von Alcudia aus, teils zu Fuß, teils mit dem Auto, die Halbinsel zu durchstreifen, die die Bucht von Pollensa von der Bucht von Alcudia trennt. Sie endet im *Cabo del Pinar* und besitzt nahe ihres Hauptberges, des 500 Meter hohen ›Atalaya de Alcudia‹, in der ›Ermita de la Victoria‹ eine Kirche von besonderer Schönheit. Der Ausblick auf die hohen Berge, die die beiden Buchten im Norden und Süden einschließen – eine heroische Landschaft, vom Dunst des Meeres noch erhöht – schenkt dem Wanderer ein unvergeßliches Bild Mallorcas.

Ungefähr in der Mitte der kurzen Verbindungsstraße zwischen Alcudia und Puerto de Alcudia kann man an einer bezeichneten Stelle rechts einbiegen und bald darauf vor dem gut erhaltenen römischen Theater anhalten. Von Feigenbäumen umgeben, treppen sich die aus dem Felsen gemeißelten halbrunden Sitzreihen zur steinernen Bühne hinab; viele in den Felsen eingeschnittene Sarazenengräber zeigen an, daß hier nach der Römerzeit ein Friedhof bestanden hat. Es ist ein stiller Ort der Ruhe und der Gedanken, eingebettet in eine seit Jahrhunderten zeitlos in Fruchtbarkeit dahinträumende Landschaft.

Puerto de Alcudia hat ein doppeltes Gesicht: einmal ein schlichter Badeort mit guten Hotels und weiten Stränden, außerdem ein kleiner Hafen, von dem aus ein lokaler Schiffsverkehr nach dem nahen Ciudadela, der ehemaligen Hauptstadt Menorcas, unterhalten wird.

Ähnlich wie die Straße über Puerto Pollensa in flachem Bogen nach Alcudia zieht, setzt sie sich, zuerst wiederum in Meeresnähe, von Alcudia in Richtung Artà weiter fort. Der nächste größere Ort ist *Ca'n Picafort*, vor kurzer Zeit noch eine stille, kleine

Sommerkolonie, jetzt plötzlich zu einem modernen, vielbesuchten Badeort aufgeblüht. Der Strand zwischen beiden Orten ist ideal, dichtes Buschwerk deckt ihn zur Straße hin ab und spendet den Badenden wie den Zeltfreunden den erwünschten Schatten.

Die Weiterfahrt bringt uns allmählich vom Meer weg, wir durchqueren zwei meist trockene Flußbetten und kommen an eine Wegkreuzung, an der eine Tafel uns links nach der *Colonia de San Pedro* weist. Dieser kleine Ort ist still und unberührt vom großen Touristenstrom geblieben und sieht heute noch ungefähr so aus wie Ca'n Picafort einstmals. In diese kleine Abzweigung von der Hauptstraße sollten wir einige hundert Meter nach links hineinfahren, irgendwo aussteigen und versuchen, durch die dichte Hecke links von uns hindurchzuschlüpfen oder wenigstens hindurchzuschauen. Wir sehen dann dicht vor uns im freien Feld einen der großartigsten Talayots – den von ›Sa Canova‹ – ein zweiter liegt, von da aus unsichtbar, etwas weiter abseits. Zur Hauptstraße und ins Auto zurück, steigt unsere Straße leicht an, fällt wieder ab, und kommt in kurzer Zeit nach *Artà*. Diese reiche Stadt ist schön durch ihre Lage unterhalb einer Kirche, über der sich dann noch das Kloster San Salvador erhebt. Sie besitzt vornehme Paläste des 15. bis 17. Jahrhunderts und strahlt, aus alter Zeit herrührend, die Selbstsicherheit bürgerlichen Stolzes aus. Ihr Museum an der Hauptstraße enthält einige außergewöhnliche Werke, unter denen prähistorische Funde aus den nahen Talayots sowie eine kleine hellenistische Kriegerstatue besonders zu nennen sind. Das Wichtigste, das ganz nahe bei Artà zu sehen ist – (beim Bahnhof die Geleise überqueren) – ist die großartige talayotische Anlage von ›Ses Paisses‹, deren zyklopisches Mauerwerk, von einem ungefügen Tor unterbrochen, ein weites Areal vorgeschichtlicher Bauten umschließt.

In Artà mündet die von Alcudia kommende Straße in die von Palma über Manacor herführende Hauptstraße ein, auf der wir nach *Capdepera* gelangen. Dieser Ort ruht im Schatten seiner einstmals wichtigen Festung: das ›Castillo de Cap de Pera‹ thront auf einer strategisch äußerst wichtigen Stelle. Die Römer hatten sie schon befestigt, aber sicherlich auch viele andere Völker vor ihnen. Die militärischen Berater von Jaime I. erkannten sogleich die Vorzüge der Lage und bauten die von den Arabern zerstörten Wälle, Zinnen und Türme wieder auf. Lange Zeit hindurch prunkte dieses Schloß als stolzes Zeichen königlicher Privilegien und diente der Bevölkerung auch als Zufluchtsstätte vor Piratenangriffen. Im befestigten Teil befindet sich eine sehenswerte kleine Kapelle, die ›Unserer Frauen von der Hoffnung‹ gewidmet ist. Ein Rundgang über den Wehrgang eröffnet überraschende Einblicke in die sich zum Meer senkende Landschaft.

Von Capdepera führt der Weg zur Küste und gelangt nach *Cala Ratjada*, einem kleinen Badeort, der noch seinen urwüchsigen Charme besitzt. Die Fischer mit ihren an den Strand gezogenen Booten und ihren zum Trocknen ausgespannten Netzen geben hier den Ton an; sie kümmern sich wenig um das Treiben der sonnenhungrigen Gäste, obgleich gerade diese zu ihrem Unterhalt beitragen. Gute Hotels liegen an den beiden, durch eine kleine Halbinsel getrennten Buchten, der *Cala de Son Moll* und der *Cala Guyà*. Durch dichten Pinienwald und am Schloße des Millionärs Juan March vorbei windet sich ein schöner Weg hinauf zum Leuchtturm, von dem aus bei klaren Tagen die Umrisse von Menorca zu sehen sind.

Von Capdepera aus führt eine Nebenstraße nach Südwesten, der Hauptstraße parallel, jedoch in größerer Nähe zum Meer. Von ihr ziehen sich mehrere kleine Stichstraßen hinab zur Küste, zu den Höhlen von Artà die erste, eine andere zum Torre Cañamel und seiner neuen Wohnsiedlung, die letzten beiden zur *Cala Bona* und zu der erstaunlich aufgeblühten Hotelstadt an der *Cala Millor.* In San Lorenzo vereinigt sich diese Nebenstraße mit der Hauptstraße.

Die *Höhle von Artà*, seit vorgeschichtlicher Zeit bekannt und als Fluchtstätte bewohnt, gehört durch ihre weiten Säle wie durch ihre fünfundzwanzig Meter hohe Stalaktitensäule ›La Reina de las Columnas‹ zu den eindruckvollsten Naturwundern Mallorcas. Der Eingang schenkt uns das wuchtigste Bild: an einer senkrechten Felswand, fünfzig Meter über dem Meer und auf steiler Treppe zu erreichen, öffnet sich das dreißig Meter hohe Maul der Pforte, die den Wanderer in das gefahrlos zu begehende Innere bringt.

Friedlichere Bilder zeigt der Besuch des von einem alten Wehrbauernhof umschlossenen gotischen Turmes, des *Torre de Cañamel.* Dieser gewaltige Bauklotz liegt in hinreißender Natureinsamkeit, die durch eine neuerdings eingerichtete freundliche Erfrischungsbar nicht beeinträchtigt wird. Die zu ihm führende Straße endet am Meer und berührt eine neuangelegte Touristensiedlung, deren Strand von vollkommener Schönheit ist.

Die Zugangsstraße, die Cala Millor mit der großen Welt verbindet, gabelt sich kurz vor dem Ort und sendet einen direkten Weg südlich nach *Porto Cristo.* Diese früher auch als Hafenstadt wichtige, größte Siedlung der Ostküste hat sich zu einem vielbesuchten Urlaubsort entwickelt und zeichnet sich durch besonders gute Einkaufsmöglichkeiten aus. An seiner klei-

21 *Nordküste mit dem Leuchtturm auf Cap Formentor*

22 *Talayot Son Danous bei Santanyi*

23 Römische Brücke bei Alcudia

24 *Capdepera*

2
Stadtmauer von Alcudi

 Mallorquinischer Ziehbrunnen

2
Pflügender Baue

28 Cala Figuera

nen Bucht liegen versteckt die Überreste einer der ältesten Kirchen der Insel, der Basilika ›Sa Carrotja‹, deren erster Bau bis auf das 5. Jahrhundert zurückgehen soll.

Hauptanziehungspunkte von Porto Cristo jedoch sind die am Ortsrand liegenden Tropfsteinhöhlen von ›Drach‹ und ›Hams‹. Nicht so monumental wie die zu Artà, dafür feingliedriger und abwechslungsreicher, sind sie das Hauptziel fast aller Touristen der Insel. Die Drachhöhle besitzt einen glasklaren unterirdischen See, den hundertsiebzig Meter langen ›Lago Martel‹. Bevor die Besucher ihn in Booten überqueren, werden sie durch einige zu Herzen gehende Musikstücke unterhalten, die in der ausgezeichneten Akustik der Höhle besonders reich und farbig klingen.

Von Porto Cristo führt eine Hauptstraße nach Manacor, der zweitgrößten Stadt Mallorcas; wir aber fahren südlich weiter, bleiben nahe der buchtenreichen Küste und berühren dabei die immer rascher entstehenden Ferienorte, deren schönsten wir in der schon älteren *Cala Murada* finden. ›Urbanizaciones‹ nennt der Spanier diese überall auf Mallorca entstehenden Wohnstädte, die die außergewöhnliche Begabung der Mallorquiner zeigen, die Größe des Meeres, die Herbheit der felsigen, kahlen Küste mit der Schönheit weißer, kubischer Landhäuser zu vereinen. Die Cala Murada ist nun eine der größten und vollkommensten ›urbanizaciones‹; sie besitzt Landhäuser, von Gärten umgeben, Hotels, Läden, Garagen, Clubs, Bars, zwei gepflegte Badestrände und ein System guter Verbindungsstraßen. Ihre blendend weißen Hauswürfel heben sich in wohltuendem Kontrast von dem mattdunklen Grün der südländischen Bäume, dem Blaugrau des Meeres und der Blütenpracht der Gärten ab. Da alle diese ›urbanizaciones‹ sich durch ihre flachgedeckten, ›arabischen‹ Hauswürfel dem Stil des Landes anpassen, stören sie nicht, sondern lockern die Einfarbigkeit der ursprünglich trockenen und windzerzausten Natur freundlich auf.

Nahe südlich der Cala Murada kreuzt unsere Straße die von der Weinstadt Felanitx nach Porto Colom führende Hauptstraße. Dieser vor kurzem noch schlichte Fischerhafen hat sich in wenigen Jahren zu einem der beliebtesten Badeorte der Ostküste entwikkelt. Die vielen hier beginnenden Buchten – alle tief eingeschnitten und feinsandig – setzen sich wie eine Kette edler Perlen weit nach Süden fort und bilden ein noch geruhsames Paradies für echte Erholung. Alle ihre Namen wie Cala Marsal, Cala Esmeralda, Cala Gran, Cala D'Or, Cala Figuera, Cala Santanyi haben ihren eigenen Klang und ziehen – auch durch gute Hotels – jahrelang stets wiederkehrende Gäste an. Die zu diesen Buchten gehörenden Küstenorte – Porto Colom und Porto Petro, Cala D'Or und Santanyi – zeichnen sich durch individuelle Besonderheiten aus. *Porto Colom* wird gern von bürgerlichem Publikum besucht, in *Porto Petro* ist der französische Club Mediterranée heimisch geworden; er bietet seinen jugendlichen Gästen aus aller Welt sämtliche Sportarten, die mit dem Wasser zusammenhängen, vor allem Segeln, aber auch Tanz und Spiel. *Santanyi*, die würdige alte Stadt, hat ihre Buchten vor allem der studentischen Jugend geöffnet und besitzt in der *Cala Figuera* einen der romantischsten kleinen Fischerwinkel. Der kleine, an drei Buchten gelegene Ort *Cala D'Or* ist zu einem Mittelpunkt kultivierter und extravaganter Sommergäste geworden, die außer in einigen guten Hotels vor allem in den vielen mit erlesenem Geschmack erbauten Landhäusern wohnen. An der Bar vom ›Hostal Romano‹ wie gegenüber bei ›Fernando‹ treffen sich

Mallorquiner, Engländer, Deutsche und Franzosen; abends tönt von irgendwoher alte spanische Lautenmusik und läßt auch die klügsten Gespräche verstummen.

In Santanyi haben wir nun die südlichste Stadt Mallorcas erreicht, von der aus es zwei Wege zurück nach Palma gibt. Einmal die normale Hauptstraße über Campos-Lluchmayor, die in großen Geraden durch fruchtbares Bauernland zieht. Die andere, längere, aber schönere Strecke sucht die Nähe des Meeres und läßt außerdem einige interessante Varianten zu. Wir fahren also zunächst von Santanyi südwestlich in Richtung Ses Salines - Puerto de Campos; bald nach der ersten Ortschaft - Llombarts - sollten wir links abbiegen und zur äußersten Südspitze von Mallorca, dem *Cabo de Salinas*, hinabfahren. Wir kommen durch eine Landschaft von besonderer, sehr stiller Schönheit, menschenleer und fast noch ohne Zeichen bäuerlicher Arbeit. Die Aussicht vom Kap über das nach allen Seiten sich breitende Meer schenkt uns den Blick auf die unmittelbar vor uns liegende, unbewohnte und kahle Insel Cabrera.

Zurück zu unserer Hauptstraße, können wir über Ses Salines nach Puerto de Campos fahren und von dort aus mit einer von Ses Salines direkt rechts abbiegenden Straße in der Nähe von Baños de San Juan wieder zusammentreffen. Von da an bleiben wir auf der einsamen, durch Urlandschaft führenden Landstraße, die über Son Catlar zu der kleinen Siedlung von *Capicorp* führt. Hier sollten wir anhalten und die dem alten Wehrbauernhof gegenüberliegende talayotische Siedlung von ›Capicorp Vey‹ besuchen. Sieben zum Teil noch bestehende talayotische Rundtürme fassen - durch zyklopische Mauern verbunden - eine große steinzeitliche Siedlung ein und beschützen sie.

Vielleicht mehr noch als ›Ses Paisses‹ bei Artà gibt uns ›Capicorp Vey‹ durch seinen guten Erhaltungszustand wie durch seine fast magische Schönheit den stärksten Eindruck von der Wucht der megalithischen Kultur. Von Capicorp aus wendet sich unsere Straße jetzt nach Süden, trifft beim Leuchtturm vom Cabo Blanco auf das Meer und bleibt in seiner Nähe, bis wir kurz vor Palma den Strand von El Arenal erreichen.

Von der geraden Strecke zum Cabo Blanco, kurz hinter Capicorp, zweigt eine neugebaute Straße links zum Meer ab und erreicht die *Cala Pi.* Tief eingeschnitten, schmal und von einem schöngebauten Atalaya bewacht, gehört sie immer noch zu den intimsten und stillsten Buchten Mallorcas. Von weißem Sand eingefaßt, von pinienbestandenen Hügeln geschützt, strahlt ihr türkisfarbenes Wasser herauf und lockt zum Bade. Die neue Fahrstraße biegt nun links ab und mündet in die groß geplante, aber erst zum Teil fertige ›urbanizaciòn‹ von ›Vallgornera‹ ein.

Am Cabo Blanco wendet sich unsere Straße scharf nach Norden, und die Landschaftsbilder auf dieser nun vor uns liegenden, wenig befahrenen Strecke zeichnen sich durch besondere Schönheiten aus. Wir sehen das Wechselspiel des Lichts über dem Meer – Sonne und ziehende Wolkengestalten –, wir spüren im Fahren, wie uns die hohen Berge im Norden der Insel allmählich näher kommen und nehmen die uns wie ein Teppich begleitende und meilenweit sich dehnende Garriga wahr. Die ›Garriga‹ – französisch Garigue –, die in den ihr ähnlichen, höher gewachsenen Formen auch ›Macchia‹ – französisch Maquis – und spanisch ›monte bajo‹ genannt wird, ist eine genau bestimmte Pflanzengesellschaft der mittelmeerischen Trockenzonen. Die Leitpflanzen der mallorquinischen Garriga sind vor allem die zahlreichen Arten der Cistrose, neben ihr der Mastixstrauch, der Stechginster, die Baumheide, dazu Thymian, Rosmarin, Lavendel, Wacholder und Oleaster. Sie bilden ein unentwirrbares, knie- bis mannshohes, stark duftendes Gestrüpp, in dem fast immer irgend etwas blüht.

Die von uns durchquerte und über dem Steilufer des Meeres sich ausdehnende mallorquinische Garriga kennzeichnet sich noch dadurch, daß die einzelnen, aus Hitzeabwehr zu Kugelgestalten zusammengewachsenen Büsche vom steten Meereswind schräg verformt werden; Schneewächten ähnlich wachsen aus ihnen seitliche Arme heraus, die wie eine Herde parallel gelagerter Urtiere das Auge des Wanderers anziehen.

Kurz vor unserm Ziel berühren wir die sehr malerisch gelegene ›urbanizaciòn‹ *Cala Blava*, fahren durch einen schattenspendenden Pinienwald und finden dann in dem ehemaligen Dorfe *El Arenal* einen der schönsten und längsten Strände Mallorcas, der zudem noch den Vorteil hat, vor den Toren Palmas zu liegen. Hier wie im benachbarten *Can Pastilla* reihen sich Hotels und Pensionen jeder Kategorie aneinander, dazu gibt es Läden für alle Wünsche, Restaurants und Bars für jeden Geschmack; Pferde und Boote, Autos und Fahrräder können gemietet werden, man hört Sprachen aus allen Teilen der Welt: es ist ein rechtes Großstadtgewühl.

Seit kurzem ist El Arenal mit Palma durch eine trefflich geplante und gebaute Autobahn verbunden, die die Hauptstadt der Insel mit ihrem besuchtesten Badeort noch enger verbindet.

In instinktiver Anpassung an die jahrhundertealte Notwendigkeit, dem nur begrenzt vorhandenen fruchtbaren Boden ein Höchstmaß an Ertrag abzuringen, haben die Bauern, die im Inneren Mallorcas heimisch sind, eine selbstverständlich scheinende Tüchtigkeit gewonnen. Obwohl sie zum größten Teil noch heute den von den Arabern übernommenen primitiven Pflug benutzen, bringen sie doch eine sauber gezogene Furche zustande und erhalten so eine leichte, bröckelige Ackerkrume. Korn und Futtergetreide werden noch – selbst auf vielen größeren Gütern – von der Hand gemäht und auf den offenen, steingepflasterten Tennen auf die gleiche Art mit dem Schlegel gedroschen wie in der Antike und in den noch älteren Kulturen des östlichen Mittelmeeres, eine Arbeitsmethode, die nur langsam modernen Maschinen weicht.

Das landwirtschaftlich genutzte Innere von Mallorca hat eine Reihe von aus ehemaligen Marktflecken hervorgegangenen Städten hervorgebracht, die sich nun zwangsläufig der beginnenden industriellen Revolution auf der Insel unterwerfen müssen. Doch bildet die Landwirtschaft auch heute noch die ökonomische Grundlage dieser Landstädte – im Gegensatz zu den ganz andersgearteten Küstengebieten, die ihr Interesse der Seefahrt und der Fischerei zuwenden. Die Hauptterzeugnisse der bäuerlichen Betriebe sind Frühkartoffeln und Frühgemüse, die bei uns schon auf den Markt gelangen, wenn unsere Früchte noch im Boden schlummern; weiterhin Mandeln – die Baumblüte lockt jedes Jahr im Februar die Touristen an –; einfache, sehr gute Landweine, die einen besonderen Geschmack besitzen, und außergewöhnlich feines Olivenöl. Orangen und Zitronen gedeihen in Küstennähe.

Alle diese Arbeiten halten die Inselbauern das ganze Jahr über in Bewegung, wobei ihre Erzeugnisse auch den Großhändlern, Fuhrunternehmern und Verarbeitungsbetrieben Arbeit bringen. Die Entwicklung geht aber nun zwangsläufig dahin, daß Industriebetriebe, besonders chemische Werke, eine immer wichtigere Position einnehmen und die einstmals führende Stellung der Bauern einengen.

Die mallorquinischen Bauern dagegen beschränken ihre Interessen lieber auf die Existenzmöglichkeiten, die ihnen der Boden bietet, als auf die Betriebsamkeit des Fremdenverkehrs, die irgendwelche entfernte Verwandte an der Küste entfalten. So ist es nicht einmal sicher, ob sie sich dessen bewußt sind, warum Mallorca von den Festlandspaniern als das ›Amerika‹ Spaniens bezeichnet wird; doch neigen sie dazu, diese hektische – und vor allem preissteigernde – Betriebsamkeit als ein Blendwerk zu betrachten, das nicht ernst zu nehmen ist und auf dessen Dauer man weder rechnen kann noch rechnen darf.

Um in die meist flachen Regionen der mallorquinischen Inselmitte zu gelangen, gibt es zwei Wege. Der eine besteht in der geraden und gut ausgebauten Hauptstraße von Palma nach Inca, die dann in Alcudia endet; der andere ist die ihr ähnliche Hauptstraße nach Manacor, die bis nach Cala Ratjada weiterführt. An oder nahe von beiden Hauptstraßen liegen zahllose kleine Landstädte, die, vom Tourismus und ›modernem Leben‹ weit entfernt, durch Arbeit, Lebensstil und Mentalität der Bewohner noch die heile Welt Mallorcas repräsentieren. Jedoch: sie ›hinterwäldlerisch‹ zu nennen, wäre eine arge Verkennung, denn die Spanier gehören zu den anstelligsten Menschen Europas.

Bald nachdem wir die Vorstädte von Palma in Rich-

tung Inca verlassen und den früheren Flughafen Son Bonet passiert haben, zweigt eine Straße nach rechts ab. Sie führt über La Cabañeta und Portol in ein als ›Marraitx‹ bekanntes Gebiet; von hier aus kann man sich weiter bis nach Ses Coves und Sta. Eugénia vorwagen. In der Nähe dieser Dörfer wurden seit Jahrhunderten schlichte Lehmtöpfe, ›Ollerias‹ genannt, gebrannt, weshalb denn auch ein nahegelegenes kleines Dorf *Las Ollerias* heißt. Die Grundform dieser Töpfe geht sicher auf arabische Kunsthandwerker zurück, wenn sie nicht aus noch früheren Quellen stammt, denn man hat in Las Ollerias gerade eine kleine Apollostatue ausgegraben, die aus der Zeit der griechisch-phönizischen Handelsbeziehungen herrührt. Sie steht heute in einem New Yorker Museum, während in Las Ollerias nur eine Photographie von ihr zurückgeblieben ist.

Von allen Orten der Insel, in denen die Kunst der Terrakotta-Herstellung betrieben wird, ist *Portol* der älteste und bekannteste. Die rotbraunen Töpfe aller Größen und Formen entstehen durch einfaches Mischen des in der Umgebung vorkommenden Lehmes mit ein wenig Wasser, worauf die Formen getrocknet und gebrannt werden. Diese unter dem Namen ›Ollas‹ gefertigten Töpferwaren sind – im Gegensatz zu den in der mallorquinischen Sprache mit ›Greixoneras‹ bezeichneten – nicht für Kochzwecke bestimmt; beide Arten aber werden gleichermaßen bei offenem Feuer und in einem heißen Ofen gebrannt.

Außer der einfachen Töpferei betreiben viele Kunsthandwerker in dieser Gegend die Herstellung von bemaltem Geschirr. Hinter Portol befinden sich, schwer auffindbar, Wohnhaus, Werkstatt und Öfen eines der bekanntesten Töpfer und Keramiker der Insel, Gabriel Segui, der schöne Gegenstände aus glasiertem Ton herstellt. Sie sind meist zweifarbig gehalten, mit einfachen geometrischen oder Pflanzenmustern in Kobaltblau oder Schwarz. Außer Vasen und Aschenbechern macht er Kacheln, Reliefs und großflächige Schmuckplatten mit Motiven aus mallorquinischen Legenden, Sitten und Gebräuchen, dazu auch typischen Tänzen. Segui hat seine Öfen wie auch seine Begabung von seinem Vater geerbt; die Öfen sind in arabischem Stil gebaut. Unweit seiner Werkstatt befindet sich ein großes Vorkommen von Terrakotta-Erde; Stücke von ihr werden in einen langen granitenen Mörser gefüllt, in dem ein Holzstamm angebracht ist, der von einem Maultier im Kreise bewegt wird. Auf diese Weise zerkleinert sich im Zylinder der Klumpen roter Erde zur Verarbeitungsreife.

Seguis Entwürfe konnte man auf vielen erfolgreichen Ausstellungen in der Galerie der ›Bellas Artes‹ in Palma bewundern.

Kehren wir von dieser Töpfergegend auf die Hauptstraße nach Inca zurück. Der nächste Ort, durch den wir kommen, ist *Santa Maria;* obwohl nicht weit von Palma gelegen, ist Santa Maria bereits eine selbstzufrieden in sich ruhende Landstadt. Sie grenzt zwar schon an den Bereich des Weinbaues bei Binisalem, dem nächsten Ort unserer Fahrt, gehört aber andererseits noch zu den Töpfereigebieten östlich von ihr.

Von besonderem Interesse ist das ehemalige Kloster Minimen. Im 16. Jahrhundert, als Palma von einer Seuchenepidemie heimgesucht wurde, flüchteten viele seiner Einwohner nach Santa Maria. Als die Gefahr vorüber war, baute die adelige Familie Conrado eine Klosterkirche für den Orden der Franziskaner-Bettelmönche, die Minimen. Die Mönche stellten einen berühmt gewordenen Likör her, der auch heute noch von ihren Nachfolgern erzeugt wird. In ihrem Vertrag mit den Mönchen hatte die Familie Conrado die Bedingung gestellt, daß, wenn der Orden das Kloster verlassen würde, sie ihr Eigentum zurückerhalten sollte. Mit dem Gesetz zur Aufhebung und Enteignung der kirchlichen Orden von 1832-33 fiel denn auch das Kloster an das damalige Haupt der Familie, den Marquès de la Fuensanta, zurück; er ließ die Kirche, die Kreuzgänge und das Hauptgebäude restaurieren und machte aus dem ganzen Komplex einen Familiensitz, der auch ein Museum enthält. Hier kann man an dem ausgestellten Briefwechsel der Familie mit dem spanischen Hof ihre geschichtliche Bedeutung erkennen. Die Korrespondenz enthält einen Brief der Königin Isabella II. und ein Dokument vom Verkauf eines Weinberges in Binisalem mit der Unterschrift Karls II. sowie aus dem Jahre 1475 ein für die Zeit bezeichnendes Dokument über den Verkauf eines Sklaven. In einem anderen Saal findet man Prunkgewänder, die die Mitglieder der Familie bei wichtigen Anlässen wie der feierlichen Messe trugen. Eines von ihnen ist ein Geschenk des Papstes Pius IX. an den Marquès. Im gleichen Saale befindet sich auch die größte Sammlung religiöser Reliquien Mallorcas, darunter in einem silbernen Kelch ein Splitter von Christi Dornenkrone. Überall hängen wertvolle Familienbilder, auf denen man die noch heute in den Räumen stehenden Möbel wiedererkennen kann.

In Santa Maria kann man auch die Überreste einer alten Kirche sehen, die 1833 freigelegt wurden; es ist die Basilika Son Fiol aus dem 6. und 7. Jahrhundert, als die Insel der Herrschaft der byzantinischen Kaiser unterstand. Sie besitzt einen schönen Mosaikboden aus einheimischem Marmor, der eine Szene mit Adam und Eva und der Schlange im Garten Eden darstellt.

In Santa Maria wird auch ein selten ausgeübtes

Handwerk betrieben, nämlich die Herstellung von Schilfüberzügen zum Schutze von Flaschen; diese Arbeiten werden von Frauen verrichtet, die, oft bis zu zehn, gemeinsam in einem kleinen Raum sitzen.

Vier Kilometer weiter auf der Hauptstraße gelangt man nach *Consell*, einer Stadt, in der man den hervorragenden Wein des Gutes der Torrent y Fals kaufen kann; seine Weinberge und Kellereien liegen weiter östlich an der Straße nach Sancellas. In Consell zweigt links eine Straße nach dem Gebirgsort *Alarò* ab, hoch über ihm liegt das alte Schloß Alarò. Doch auch der Ort selbst bietet Beachtenswertes; er wurde von den Mauren gegründet, die ihn Asarò nannten. Die Gemeinde zeichnet sich durch ihre Verehrung für den heiligen Rochus – San Roque – aus, den man gegen Seuchen anruft. Jährlich im Sommer halten die Leute ihm zu Ehren eine Fiesta ab, bei der sie einen merkwürdigen Tanz aufführen, dessen Stil man ›sacroprofan‹ nennt. Wie andere mallorquinische Tänze, stellt er den Kampf zwischen Gut und Böse dar. Neun junge Burschen bilden die Hauptgruppe der Tänzer; sechs sind als Helden kenntlich und umtanzen einen anderen, der als Frau verkleidet ist. Die restlichen zwei versuchen nun in der Gestalt von Teufeln die Tanzfiguren der anderen durch ihre wilden Sprünge zu stören. Dieser Tanz geht der Messe voraus, an der die Tänzer ebenfalls mit einer symbolischen Darstellung teilnehmen. Die ›Guten‹ tragen als Opfergabe eine Taube, die die ›Bösen‹ zu rauben versuchen, ehe sie den Altar erreicht.

Das Schloß von Alarò ist heute eine Ruine, früher jedoch galt es als uneinnehmbare Bastion. Von den Mauren erbaut, blieb es noch lange Zeit nach der Landung Jaimes I. ein Mittelpunkt des arabischen Widerstandes und gab den Versprengten Zuflucht. Als die Lage der

Eingeschlossenen immer unhaltbarer wurde, ersannen die Belagerten eine List, von der sie sich die Freiheit erhofften: sie wählten einen von ihnen aus, der von einem Katapult abgeschossen werden sollte; würde er in einem noch unbesetzten Gebiet sicher landen, so sollte er laut rufen und die anderen würden ihm folgen. Er landete – aber tot und zu Füßen der christlichen Kämpfer. Deren Anführer erriet den Plan, rief laut auf arabisch, daß er in Sicherheit und Freiheit sei, die Mauren glaubten ihm und gerieten in Gefangenschaft.

Einige Kilometer von Alarò bergaufwärts, am Schloß von Alarò vorbei, trifft man auf die Einfahrt zu Gut *Sollerich;* das Haus ist von hohen Bergen umgeben und seine Gärten laufen zur Talseite hin in eine fruchtbare Ebene aus. Der Gutshof, ein imposanter, weitläufiger Herrensitz aus dem 16. Jahrhundert, entwickelte sich aus einem maurischen Besitz; aus dieser Zeit blieb noch einiges Mauerwerk erhalten.

Der Marquès von Sollerich erhielt den Landsitz von König Karl III. als Belohnung für seine Dienste bei der Eroberung von Mahòn. Er wohnte hier zwischen 1723 und 1790 und ließ neben anderen Verschönerungen eine besonders reizvolle Kapelle in reichem Barockstil anbauen. Ähnlich manchem anderen ehemaligen Adelshof hat man auch aus Gut Sollerich ein Museum gemacht, mit anschließendem Café und Restaurant.

Kehren wir nun auf die Hauptstraße nach Inca zurück, so kommt als nächstes *Binisalem,* ein größerer Ort mit Gebäuden von auffallender Solidität; die Kirche bietet ein schönes Beispiel barocker Pracht, die eigentlich in dieser ländlichen Umgebung überraschend wirkt. Diese Pracht hat nun einen sehr realen Unterbau: denn hier rangieren die Weinbaukulturen und die Wertschätzung des edlen Rebensaftes gleich nach den Lehren der Kirche. Das erkennt man schon daran, daß die Stadt ein Wein-Museum eingerichtet hat. Was für andere Gegenden die Talayots sind, was für Pollensa und Alcudia die römischen Ruinen und Ausgrabungen, das ist die Rebe für Binisalem. Jedes Jahr zur Zeit der Kelter findet hier ein Weinfest statt. Obwohl es dabei recht bukolisch zugeht, zeigen die feiernden Menschen dennoch, daß sie ein angeborenes Verständnis für den Wein, für die dauerhaften Wahrheiten der Kultur besitzen. Das Weinmuseum liegt – als Zeichen seiner Rangstufe im Leben der Gemeinde – gleich neben dem ehrwürdigen Kloster von Binisalem. Hier wie in anderen Dörfern der Inselmitte zeigen sich an hohen Festtagen die Frauen in ihren traditionellen Festtrachten, die meist schon von der Urahne her vererbt und darum hochangesehen sind. Diese teils religiös, teils weltlich hochgespielten ›fiestas‹ sind in ihrer barock überschäumenden Lebensfülle denen sehr ähnlich, die man in bayrischen und österreichischen Gebirgsdörfern sehen kann. Der wohlbehütet und sorgsam zusammengefaltet in Truhen aufbewahrte weibliche Sonntagsstaat wird ans Tageslicht geholt und gewinnt neues Leben, wenn die hübschen und feurigen jungen Mädchen wie auch die älteren Frauen, die innerlich jung geblieben sind, sich mit ihm schmücken. Obgleich von altertümlichem Schnitt, erlauben diese Trachten dennoch Rückschlüsse auf Rang und Besitzstand der Trägerin durch die Knöpfe auf dem Mieder. Häufig zeigen sie direkt an, welchen Grad an Wohlhabenheit ihre Familie erreicht hatte; war er beträchtlich – oder fühlte man sich bemüßigt, diesen Eindruck zu erwecken –, so waren die Knöpfe aus feinem Silber, mit Halbedelsteinen besetzt. Noch heute kann man solche Knöpfe in den Juwelierläden in der Calle de Plateria hinter der Kirche Sta. Eulalia in Palma finden. Wer sie aber auf den Trachten selber sehen will, kann das nirgendwo anders so gut wie bei einer ›fiesta‹ in Binisalem.

In diesem Ort gibt es auch einige private Werkstätten, in denen Gegenstände aus Olivenholz hergestellt werden, von eleganten Schuhabsätzen bis zu großen Salatschüsseln. Für diese Arbeiten verwendet man das Holz sehr alter Bäume, die nicht mehr Frucht tragen können; man glaubt, daß einige von ihnen älter als tausend Jahre sein mögen. Das beste Holz wird ihnen entnommen, das so fein und hart ist, daß in Binisalem sogar Weingläser daraus gemacht werden.

Die nächste Stadt nach Binisalem ist nun *Inca:* Sie ist im Begriff, die zweitgrößte Stadt der Insel zu werden und ist sich dieser Leistung voll bewußt, was wiederum in den Augen der anderen Mallorquiner ihr einziges Verdienst zu sein scheint. In den Archiven von Palma stehen umfangreiche Beschreibungen und Chroniken fast jeder Stadt der Insel, auch von solchen, die heute nur noch unbedeutende Flecken sind; nur über Inca ist dort nichts vorhanden. Fragt man den Kustos dieser alten Folianten nach dem Grunde dieses Fehlens, so antwortet er: »Inca hat keine Geschichte!«

Was man auch davon halten mag, immerhin ist Inca vorhanden. Erinnern wir uns: jedes fünfte Geschäft in Palma ist ein mehr oder weniger eleganter Schuhladen; und in den anderen Städten Mallorcas ist diese Häufung ähnlich. Wenn auch dieses oder jenes Schuhwerk in den Geschäften gelegentlich von ortsansässigen Schuhmachern stammt, so kommt doch die überwältigende Mehrheit der auf den Regalen aufgestapelten Schuhe wie auch Handschuhe aus den Fabriken von Inca.

Da in der Umgebung von Inca die besten Trauben reifen, finden sich in den Straßen zwischen der Plaza und der Hauptkirche interessante und wohlrenommierte Bodegas; gerade ihre Kellergewölbe sind es, die dieser lebendigen Stadt ein Fluidum von altspanischem Lebensstil verleihen. Wenn im Winter das Wetter einmal feucht und kalt ist, so ist es sowohl stimmungsvoll wie auch angenehm, in einer dieser Bodegas an einem Tisch zu sitzen, der mit einem bis zur Erde reichenden Tischtuch bedeckt ist: denn an solchen kühlen Tagen steht unter dem Tisch ein Kohlebecken aus schön geformtem Messing voll glühender, sanft zischender Holzkohle; dieser ›brasero‹ ist dann für die Füße das, was der Wein für die Seele ist. Umgeben von riesigen Fässern, die eine Unmenge guten roten Weines enthalten, fühlen wir uns wohl.

Der Wochenmarkt am Donnerstag bietet einen farbenfrohen und geschäftigen Anblick: Landleute strömen in großer Zahl herbei, die mit den besten Früchten aus der reichen Landschaft ringsum dem Markt eine noch echt mallorquinische Vielfalt geben. Wer sich zufällig im November in Mallorca aufhält, sollte die alljährliche ›fiesta‹ zu Inca – den ›Dijous Bo‹ – nicht versäumen; sie ist das traditionsreichste und malerischste Ereignis ihrer Art auf der ganzen Insel.

Wenn wir die aus Inca hinausführende Straße nehmen, die in großartigen Kurven mit Fernblicken auf die Ebene zum Kloster Lluch ins Gebirge aufsteigt und dort in die von Soller nach Pollensa ziehende Hauptstraße einmündet, so gelangen wir zu dem Dorfe *Selva.* Es liegt nur vier Kilometer von Inca entfernt und ist ein ländlicher Ort voll eigenen Zaubers. Seine Häuser gruppieren sich in anmutigen Kreisen um sein Kernstück, einen Hügel, auf dessen Höhe die Kirche lagert mit einer breiten Plaza und einer eindrucksvollen Treppenflucht, deren Stufen zu der unter ihr liegenden Hauptstraße hinunterführen. Rings um das Dorf erstrecken sich Olivenhaine, die durch Anordnung, Baumbestand und Ertrag zu den besten der Insel gehören. Wie andere Ortschaften in diesem blühenden Vorgebirgsland, stammt Selva noch aus der ersten maurischen Besatzungszeit; damals trug es den Namen Xilval. Die Anmut seiner Lage ist offensichtlich auf seine Bewohner übergegangen, denn sie sind äußerst tanzfreudig; ihre emsigen Füße bewegen sich im Takte und in den Figuren jahrhundertealter Tänze. Im Sommer tanzen sie regelmäßig morgens und abends. Wer sich für Folklore interessiert, sollte sich diese Tänze anschauen.

Von Selva fahren wir zurück nach Inca und stehen nun vor der Wahl, welchen Weg wir für den Besuch der ausgedehnten mallorquinischen Innenlandschaft nehmen wollen. Schauen wir die Karte an, so sehen wir zwei Möglichkeiten: eine Straße geht von Inca über Sineu - Sta. Margarita an die Küste, die andere bleibt auf der Hauptstraße nach Alcudia und ist wohl die bessere, da wir dadurch Campanet nicht versäumen und später erst einen weiten Bogen ins Innere machen. Zuerst aber wollen wir - kurz hinter der Abzweigung nach dem Dorfe Campanet - rechts nach *Buger* abbiegen, wo man den letzten Meister in der Kunst der Holzlöffelherstellung besuchen kann. Diese Arbeit entstand ihm unter der Hand, sozusagen aus ererbter Liebhaberei. Die meisten seiner wohlgeformten Löffel werden aus dem Holze der Orangenbäume geschnitzt und sind auch in verschiedenen kleineren Museen der Insel zu sehen.

Campanet beherbergt neuerdings eine der besten Glasfabriken von Mallorca. Nahe der Fabrik, die nach überlieferten Rezepten und Modellen arbeitet, wurde eine mustergültige Siedlung für die Arbeiter angelegt. Alle Ausführungen der hier hergestellten Gläser sind in einem großen Ausstellungsraum zu besichtigen. In einem anderen Saal können die Kopien sämtlicher historischer Möbel Mallorcas bewundert werden. Der Besitzer der Fabrik, Gabriel Mateu, besitzt in zwei Galerien des oberen Stockwerkes eine ausgezeichnete private Gemäldesammlung; ein Raum ist dem Meister Goya gewidmet, von dessen ›Aguas fuertes‹ zweihundertvierzig Blätter ausgestellt sind. Im Hauptraum hängen ein Raffael, ein Rembrandt, ein Tintoretto, ein Rubens und ein aus der Blauen Periode stammender Picasso. Ferner sind Fresken aus dem 13. Jahrhundert zu sehen, ein Altaraufsatz von Nicolaus de Verdun, ein van Dyck und ein Murillo.

Nördlich vom Dorf Campanet, bei San Miguel, liegen interessante Tropfsteinhöhlen, die erst 1948 wiederentdeckt wurden; sie sind leicht zugänglich und mit ausreichenden Beleuchtungsanlagen versehen. Nicht weit von ihnen entfernt steht die Kapelle San Miguel; sie stammt aus byzantinischer Zeit und gehört zu den ältesten noch existierenden Kirchen der Insel.

Das Dorf *La Puebla* ist von hier aus leicht zu erreichen, wenn man auf der von San Miguel kommenden Landstraße zurückfährt und die Hauptstraße überquert. Dieses große Dorf ist der Sammel- und Umschlagsplatz der Kartoffelernten der ganzen Gegend. Neben diesen Feldfrüchten bringt die neuerdings gut bewässerte Landschaft auch frühe Edelgemüse und Mandeln hervor und gilt somit als eine der ertragreichsten des inneren Mallorca. Ihr schönstes Kennzeichen aber waren die unzähligen malerischen Windmühlen, von denen es leider nur noch wenige gibt. Die Bauern sind hier so wohlhabend geworden, daß sie sich elektrische Wasserpumpen leisten können. Fährt man südöstlich weiter, so gelangt man nach *Muro*. Über seine ländliche Ursprünglichkeit hinaus besitzt es als zusätzliche Attraktion ein kleines Museum; unter anderem ist dort ein Zimmer, in dem alle Arten von in Mallorca hergestellten Terrakottawaren zu sehen sind sowie Apothekengefäße mit seltenen, vom Apotheker selbst gesammelten Kräutern. Im Obergeschoß dienen die Schaukasten der Sammlung mallorquinischen Kunsthandwerkes; man sieht schöne Stickereien, interessante Exemplare der seltenen ›Siurells‹ – Tonpfeifen in Form kleiner Tiere mit seltsamen Figuren darauf und mit grünen wie roten Streifen bemalt –, weiterhin eine reichhaltige Sammlung handgemalter Ziegel sowie kleine Töpferwaren, die die Bauern hier beim Pflügen ausgegraben haben.

Die Ausstellung der ›Siurells‹ dürfte besonders interessant für denjenigen sein, der die Ausdrucksfähigkeiten des bäuerlichen Humors studieren will. Ihre Herkunft mag arabisch sein, doch gibt es auch Gründe für die Annahme, daß ihre erste Form aus karthagischer Zeit stammt. Auf dem gleichen Stockwerk stehen Maschinen zum Fadendrehen, zum Weben und zur Herstellung von hölzernen Gerätschaften. Ein Raum ist den Gemälden einer Künstlerin namens Annie Huntley gewidmet, die die wildwachsenden Blumen der Insel zeigen.

Fünf Kilometer weiter auf der Landstraße von Muro aus liegt *Santa Margarita*, das sich als noch unberührtes Landstädtchen zeigt und uns noch einmal die Friedlichkeit des Landlebens auf der so lebendig gewordenen Insel vor Augen führt.

Rund einen Kilometer von seiner Ortsgrenze entfernt zweigt rechter Hand eine Straße ab, die uns über das Dorf Maria de la Salud nach *Sineu* führt, das bei den Römern Sinium hieß. Heute ist es ein Zentrum der Weberei, und man kann den Frauen des Dorfes bei der Aufbereitung der Stoffetzen und Lumpen zusehen, die sie von dem Unternehmer dieser kommerziellen Weberei zur Verfügung gestellt bekommen.

Zwölf Kilometer hinter Sineu bringt uns die Landstraße bei Inca wieder auf die große Hauptstraße zurück. Die Rundfahrt, die wir von Inca aus gemacht hatten, ist zu Ende; sie brachte uns durch eins der stillsten und schlichtesten Gebiete von Mallorca. Sein natürlicher Charme inmitten der sanft schwingenden Vorberge wird ergänzt durch uralte Klöster und Kirchen, Landhäuser und Schlösser, die bis in die maurische Zeit zurückreichen.

Eine andere, ebenso abwechslungsreiche und interessante Region des mallorquinischen Binnenlandes wird am besten durch die aus Palma nach Manacor führende Hauptstraße erschlossen. Wir sollten uns auf diesem Wege Zeit lassen, denn die beiden wesentlichen Städte dieser Strecke – *Algaida* und *Montuiri* – erfreuen gerade den gemächlichen Wanderer durch ihre faszinierende Lage in der Landschaft. Das Straßenbild wird hier hauptsächlich durch die mit zwei großen Rädern versehenen Eselskarren der Bauern und Winzer bestimmt, wie sie silhouettengleich daherschwanken: sie scheinen leicht und zerbrechlich, dennoch können sie schwerste Lasten tragen und jeden schlechten Weg bestehen. Montuiri hatte ehemals eine Stadtmauer und ist heute noch von ehrwürdigen Wachttürmen umringt.

Von Montuiri kann man eine Landstraße über San Juan nach Petra einschlagen, kann sich aber auch an die Hauptstraße halten und zwei Kilometer hinter dem Dorfe Villafranca links nach Petra einbiegen.

Petra zeichnet sich durch einen weltberühmt gewordenen Sohn aus: Bruder Junipero Serra. Er wurde hier am 24. November 1713 geboren, seine Eltern waren ärmliche, an die Scholle gebundene Bauern, doch waren sie fähig, früh schon die überragende Intelligenz und die moralischen Qualitäten ihres Sohnes zu erkennen. Sie wußten es so einzurichten, daß der in Petra ansässige Franziskanerorden sich der Erziehung ihres Sohnes annahm. Dieser trat 1730 dem Orden offiziell bei, doch im Jahre 1747 glaubte er, nicht länger dem heißen Wunsche seines Herzens widerstehen zu können, nämlich, den Indianern an der Westküste Amerikas das Christentum zu predigen.

Nach zwei Jahren inbrünstiger Vorbereitung auf diese Aufgabe hielt er am 8. April 1749 seine letzte Predigt auf mallorquinischem Boden und schiffte sich fünf Tage später nach Kalifornien ein. Viele von Bruder Serra gegründete und heute blühende Städte in Amerika wie Santa Barbara, San Diego, Santa Clara, San Gabriel und vor allem die Weltstadt San Francisco legen von dem Erfolg seiner kolonisatorischen Bemühungen ein beredtes Zeugnis ab. Er gründete außerdem dreiundzwanzig Missionsniederlassungen, besonders in den damals spanisch-sprachigen Gebieten Kaliforniens. Von allen geliebt und verehrt, starb er in Monterey am 28. August 1784. Sein Ruhm wird in Petra durch ein von Amerika gestiftetes Standbild wachgehalten sowie durch den Stolz des Ortes darauf, daß von hier aus etwas seinen Ausgang genommen hat, was als Beitrag Mallorcas zur Kultur der westlichen Welt bezeichnet werden kann.

Nicht mehr als zwei Kilometer hinter Petra liegt die schöne Finca ›Son Sant Andreu‹. Dort findet man eine originelle Fächersammlung von ungefähr dreitausend Exemplaren aller Arten und Stoffe. Einige sind aus Ebenholz, andere aus Leder oder Schildpatt; wieder andere sind mit Edelsteinen besetzt, manche sind von Künstlern wie Teniers, Boucher oder anderen signiert.

Von Petra aus sind es nur noch etwa zehn Kilometer bis zur Ortsgrenze von *Manacor*, eine Stadt, die mit Inca um den Titel, die zweitgrößte der Insel zu sein, wetteifert. Als ›Stadt‹ ist sie neu. Wohl gab es hier Behausungen aus arabischer Zeit, doch dürften sie nur schlichte Hütten gewesen sein. Erst zur Zeit Jaimes II. werden Landsitz und Dorf Manacor zum ersten Mal erwähnt. Als im Jahre 1300 eine Volkszählung stattfand, ergab es sich, daß Manacor damals aus fünfundzwanzig Häusern mit ungefähr hundert Einwohnern bestand; bis zur Volkszählung von 1593 war die Stadt auf über viertausend Einwohner angewachsen und 1966 zählte man über 25 000.

Obgleich Manacor heute immer noch der Mittelpunkt des landwirtschaftlichen Handels seiner Umgebung ist, so ist es in allen Erdteilen berühmt durch eine, man darf sagen, einmalige Kunstfertigkeit: Manacor ist die Heimat der Herstellung künstlicher Perlen. Man kann eine der vielen Fabriken oder Geschäfte besichtigen und sich das Verfahren erklären lassen: als Ausgangspunkt dienen Glaskügelchen, die man unter Hochdruck mit pulverisierten Fisch-Schuppen besprüht und dann brennt. Im Wirtschaftshaushalt der Insel spielt Manacor außerdem eine bedeutende Rolle durch die Herstellung typisch spanischer Möbel.

In der Stadt selbst finden sich keine Überbleibsel früher Kulturen, doch ist die Gegend zwischen Manacor und der Meeresküste reich an baulichen Resten von Wohnstätten derer, die hier durchzogen, wie derer, die hier seßhaft geworden waren. Der noch wenig erforschte vorgeschichtliche Mensch, dann die Phönizier, Karthager, Griechen, Römer und schließlich die Araber: sie alle hinterließen Spuren.

Das Stadtmuseum zu Manacor – neben der Hauptkirche – enthält viele Zeugnisse aus diesen frühen Zeiten: den Mosaikfußboden aus der ehemaligen Basilika Son Pereto vom 4. und 5. Jahrhundert, Überbleibsel der talayotischen Kultur, dazu frühen Schmuck und die Rundsteine der berühmten balearischen Steinschleuderer.

An mehreren Stellen der Stadt sind Befestigungen aus der Zeit des späten Mittelalters bis in den Barock hinein zu sehen – Teile des Son Forteza, des Torre de ses Puntes und des Torre dels Enegistes sowohl wie der wiederhergestellte Torre del Homenaje, der einstmals als Residenz der Könige von Mallorca gebaut worden war. Obgleich nicht durchweg alt, bietet

29 *Manacor, Kloster Santo Domingo*

30 *Töpfer bei der Arbeit*

32 Castillo de Santueri bei Felanitx

die Hauptkirche der Stadt schon durch ihre Größe einen prachtvollen Anblick. Das frühere Kloster San Domingo ist als Werk des 17. Jahrhunderts eine prachtvolle Schöpfung des Barock.

Wenden wir uns nun von Manacor vierzehn Kilometer weiter südlich, nach *Felanitx*. Diese Stadt übt in vielerlei Hinsicht einen bestimmenden Einfluß auf die Inselkultur aus. Seit altersher ist sie von ihrem getreuen Wächter, dem Castillo de Santueri, gekennzeichnet. Zwar nicht so großartig wie die imposanten Schöpfungen in Kastilien, vermittelt dieses Schloß dennoch eine Aura der Feudalzeit; es krallt sich in einer Höhe von ungefähr 400 Metern in das umgebende Gebirge. Wann es erbaut worden ist, läßt sich nicht genau ausmachen, doch gibt es überzeugende Zeugnisse dafür, daß es einst ein römisches Fort des 2. Jahrhunderts n. Chr. gewesen ist. Die Mauren haben es dann in großem Umfang neu befestigt. Obgleich in Privatbesitz, untersteht das Schloß staatlicher Oberaufsicht; der Bau, wie er sich heute darstellt, stammt vorwiegend aus dem frühen 16. Jahrhundert, und während der Revolution von 1521 in Spanien fanden die Getreuen Kaiser Karls V. hier ihre Zuflucht.

In Felanitx findet man Reste von Baulichkeiten aus den frühen Tagen der christlichen Wiedereroberung der Insel, dazu noch einige wenige maurische Spuren. Die Kirche stammt aus dem 13. Jahrhundert und strahlt, trotz beachtenswerter Renovierung aus dem 18. Jahrhundert, auch heute noch ihre alte Würde aus. Ein weiterer Stolz der Stadt ist der Brunnen der heiligen Margarete, der wohl auf einen schon zur Maurenzeit bekannten Brunnen zurückgeht. Im Laufe der Zeiten wurde er vergrößert und tiefer ausgeschachtet; seine heutige Form erhielt er allerdings erst 1830.

Auch Felanitx ist ein Zentrum des Weinbaues und Weinhandels; fast ein Viertel des auf der Insel konsumierten Weines liefern alljährlich die Winzer dieser Stadt; fertiggestellt und auf Flaschen gezogen wird der Wein jedoch vom Staatsmonopol *COES*.

Aber noch auf einen weiteren Umstand ist Felanitx stolz: nach einer immer unangefochtenere Verbreitung findenden Theorie war nämlich Christoph Columbus ein Sohn dieser Stadt. Diese Annahme wird durch die Dunkelheit gestützt, die die Umstände der Geburt und der ersten Lebensjahre des Entdeckers umgibt. In der Epoche des Columbus war Mallorca ein Mittelpunkt der Seefahrt und darum auch ein Vorposten maritimer Kartographie. Ein Bewohner des Gebietes von Felanitx, Juan Colom, wurde wegen seiner Teilnahme an einem Aufstand von den Anjous verfolgt, so daß er und seine Söhne fliehen mußten. Ihre Heimatlosigkeit machte sie zu gefürchteten Korsaren im ganzen Mittelmeergebiet. Andere Mitglieder der Familie Colom jedoch blieben auf ihrem Grund und Boden bei Felanitx wohnen. Im Jahre 1459 kam der Prinz von Viana, Sohn des Königs Johann II. von Aragonien und Katalonien, nach Mallorca und wurde im Schloß von Santueri gefangen gehalten. Dort verliebte er sich in eine Margarita von Colom, die 1460 von einem Sohn entbunden wurde. Dieser Sohn soll dann der später berühmte Amerika-Entdecker Columbus gewesen sein. Das Haus, in dem er geboren wurde, ist heute das ›C'as Capità‹ – das Kapitänshaus – genannte Gebäude auf dem Landgut Alqueria Rossa, in dem jetzt ein Columbus-Museum untergebracht ist.

Eine in Felanitx lebende und wirkende Familie bringt hier ein für die Insel typisches Handwerk zu höchster Verfeinerung durch die Kunstfertigkeit von Andrès Capò, der mit Meisterhand an sich schon vollendete Tonvasen vor dem Brennen durch eingeritzte Ornamente aller Art noch veredelt. Neben anderen Ehrungen hat er als internationale Anerkennung in Madrid eine Silbermedaille erhalten. Seine Werkstatt befindet sich in der Calle Soller; dort kann man die graziösen Muschel-, Blumen- und Vogelmuster bewundern, die er in den noch feuchten Ton einritzt.

Kurz hinter Felanitx, auf dem Wege nach Porto Colom, erhebt sich der schon von weitem sichtbare, alleinstehende *Puig San Salvador*. Eine gute Fahrstraße windet sich die 450 Meter hinauf und endet auf einem großen Parkplatz zwischen einer gewaltigen Christusstatue und den trutzigen Klostergebäuden. Von König Pedro im Jahre 1346 gegründet, stammt der Hauptteil des Klosters aus dem 18. Jahrhundert. Ein Portal führt an den Wirtschaftsräumen und dem Speisesaal vorbei in einen kleinen, schönen Hof, an den sich die Kirche anschließt. Eine Madonna aus dem 13. Jahrhundert und ein Altarblatt der Renaissance, aus Alabaster geschnitten, gelten als hochverehrte Kunstwerke der Kirche. Es gehört zu den Aufgaben des Klosters, Pilger für drei Tage zu beherbergen und ihnen geistlichen Beistand zu gewähren.

Der Blick von der Höhe ist allumfassend, der Ostteil der Insel liegt wie eine Landkarte tief unter uns; man erkennt alle Orte und Buchten, das Cabo de Salinas und die Insel Cabrera; direkt vor uns krallt sich das zerfallene ›Castillo de Santueri‹ an sein Felsplateau; seine Besteigung, gleichfalls von Felanitx aus, zuerst im Auto, dann zu Fuß, ist etwas mühselig, aber nicht schwierig.

Dreizehn Kilometer landeinwärts und westlich von Felanitx liegt *Porreras*, eine kleine aber sehr gediegene Landstadt mit zumindest zwei Sehenswürdigkeiten. Die eine ist seine schöne Barockkirche mit ihren bedeutenden Kirchenschätzen. Das Bogengewölbe in ihrem Inneren hat die größte Spannweite seiner Art auf der ganzen Insel. Früher stand an dieser Stätte eine ältere Kirche; als man 1665 den jetzigen Bau errichtete, übertrug man das gewaltige silberne Prozessionskreuz hierher, das bereits in einem Verzeichnis von 1565 aufgeführt wird. Das Kreuz ist eine Arbeit aus dem 14. Jahrhundert und dürfte für die damals hier existierende Kirche angefertigt worden sein. Es besteht aus getriebenem Silber mit fein eingravierten Rosetten und gotischen Figuren, die einst mit lebhaft schillerndem Email überzogen waren. Über die eigentliche Bedeutung dieses Kreuzes bestehen einander widersprechende Theorien, jedenfalls ist es eins der höchstverehrten Kreuze der Insel und ein außergewöhnliches Beispiel gotischer Prozessionssymbolik. In dem gleichen Behältnis wie dieses Kreuz wird ein weiterer ebenfalls originalgotischer Gegenstand aus emailliertem Messing aufbewahrt; er diente einstmals als Hostienbehälter. Diese beiden Schätze können nur mit der gern gegebenen Bewilligung des zuständigen Priesters besichtigt werden.

Das Innere dieser Kirche erinnert lebhaft an eine der schönen Kirchen aus der gleichen Zeit, wie man sie in Österreich oder Bayern findet. Hier in Mallorca einen so lebendigen Barockbau zu finden, überrascht auf das angenehmste. In den beiden Seitenschiffen stehen zwei Retabeln, die vordem zu beiden Seiten des Hochaltars gestanden haben. Eins trägt eine Figur der heiligen Claudia, die Kardinal Despuig aus Rom mitgebracht hatte.

Die zweite Besonderheit, die Porreras aufzuweisen hat, ist die Privatsammlung des Apothekers Don Guillermo Mora. Sein Haus mitsamt seiner Apotheke liegt in der Calle de Queipo de Llano 41, ein paar Minuten vom Hauptplatz der Stadt entfernt. Dieses Haus ist zwar alt und einfach und hat eine schlichte Fassade, doch enthält es eine Flucht ineinandergehender Säle, die mit Kunstwerken aller Art und aus vielen Ländern ausgestattet sind. Wir sehen den ›Maerten Tromp‹ von Frans Hals, Skizzen von Goya bis Dali, eine Büste von Houdon, Gemälde von Breughel d. Ä., Fragonard und Corot. In den Schaukästen liegen Münzen, orientalische Jade- und Lapislazuli-Figuren und Meißener Porzellan. Don Moras Haus ist nun kein Museum mit regelmäßigen Öffnungszeiten, doch wenn er in seiner Apotheke nicht zu viel zu tun hat und der Besucher ihm sympathisch ist, so schätzt er sich glücklich, den Gast durch seine Sammlung führen zu können. Nach seinem Tode sollen seine Schätze in das Eigentum der Stadt übergehen.

Porreras Handel lebt von der goldenen Frucht der Aprikosenbäume, sie gedeiht ringsum in großen Obstgärten und wird im Juli geerntet. Man schneidet die Früchte dann in zwei Hälften, entfernt den Kern, trocknet sie an der Sonne und exportiert sie in großen Mengen.

In der Nähe von Porreras liegt die *Eremitage von Montesiòn*. Als sie im 14. Jahrhundert gebaut wurde, stand sie zunächst einsam und verlassen dort; im 15. Jahrhundert wurde ihr eine Knabenschule angeschlossen, die bis zur Vertreibung der Mönche 1835 blühte. Die gotische Kapelle wurde im 18. Jahrhundert ausgebaut und erneuert; aus der gleichen Zeit stammt auch das Marmorstandbild der Heiligen Jungfrau. Heute besteht in Montesiòn ein Gasthof, der abseits des Weltgetriebes dem Besucher freundliche Aufnahme und Ruhe bietet.

Von Porreras können wir entweder geradenwegs über das flache Land oder über Campos nach Lluchmayor fahren. *Campos* fügt der binnenländischen Kette hübscher Landstädtchen eine weitere Perle hinzu und weist eine interessante Kirche aus dem 15. Jahrhundert auf. *Lluchmayor* ist eine größere, wohlgebaute und wohlhabend wirkende Stadt; ihre Umgebung liefert zwar die mallorquinische Vielfalt an Agrarerzeugnissen, doch liegt auch hier der Akzent auf den Pfirsich- und Aprikosenkulturen. Eine Anzahl von Fabriken in Lluchmayor verarbeitet die Früchte zu Marmelade. Auch breitet sich hier – wie in Inca – die Schuhindustrie allmählich aus. Die Kirche von Lluchmayor ist, obgleich für mallorquinische Verhältnisse nicht alt, dennoch ein schönes Beispiel klassischer romanischer Tradition. Sie wurde um 1800 entworfen und begonnen. Im Stadtkern verstreut findet man einige ältere Gebäude von Rang aus den Jahren der ersten Könige von Mallorca; im allgemeinen aber ist Lluchmayor eine aufstrebende moderne Provinzstadt.

Von Lluchmayor aus nördlich fällt der Blick auf einen isoliert aus der Ebene aufragenden mittelhohen Gebirgsstock. Auf ihm stehen, von weitem sichtbar, die Gebäude eines großen Franziskanerklosters nebst dem Kolleg *Nuestra Señora de Cura*. Es wurde im 16. Jahrhundert an der Stelle erbaut, wohin sich Ramón Llull gleich nach seiner Bekehrung begeben hatte. Hier oben verbrachte er seine Zeit in einer Höhle im Gebet und tiefer Kontemplation. Zu seinem Gedenken wurde hier später eine Kapelle errichtet, heute umfassen die Baulichkeiten auch einen Gasthof.

Im Bereich des gleichen Gebirgsstockes schmiegt sich eine kleinere heilige Stätte an den Felsen, und zwar das *Santuario de Nuestra Señora de Gracia;* die restaurierte Kirche stammt aus dem 14. Jahrhundert und enthält aus jener frühen Epoche nur einige Keramiken. Von ihr aus hat man einen bezaubernden Blick über einen großen Teil der Insel.

Am Fuße dieses Bergzuges liegt das schlichte Dorf *Randa.* Jahrhundertelang haben die männlichen Bewohner von Randa von den tief ausgefurchten Felsrippen des Berges rechteckige und quadratische Steinklötze abgebaut. Diese leicht gewonnenen Steine waren von der Natur bereits so vorgeformt, daß sie ohne weitere Bearbeitung zum Häuserbau verwendet werden konnten.

Von Randa aus kann man auf guten Straßen entweder über Algaida oder über Lluchmayor nach Palma zurückkehren.

MENORCA

Menorca besitzt nicht das frische Pflanzengrün von Mallorca, ist auch kleiner, zeichnet sich dafür aber durch eine gewiße Intimität aus, die der größeren Insel fehlt. In geologischer Beziehung dagegen ähneln sich die Schwesterinseln so, daß die landschaftliche Struktur Menorcas wie ein bescheideneres Abbild Mallorcas wirkt. Klima und Wetter sind sich ebenfalls ähnlich, nur wird Menorca von Norden her von einem starken steten Wind getroffen, der durch das Fehlen hoher Berge ungehindert über die karge und wellige Hochfläche brausen kann. Seine austrocknende Wirkung hält jegliche Vegetation in Menorca kurz, so daß üppiger Baumwuchs kaum existiert und eigentlich nur Weide- und Viehwirtschaft gedeiht. Wirkliche Fruchtbarkeit findet sich allein in den wenigen ›huertas‹ wie im ›Barranco d'Algendar‹, in dem Orangen reifen. Der südliche, windgeschützter liegende Teil der Insel erreicht in Pinienwäldern eine Vegetation, die der unter ähnlichen Bedingungen entstehenden mallorquinischen gleichkommt.

Das kann einer der Gründe gewesen sein, warum die Siedlungen der Bronzezeit gerade im Süden der Insel angelegt worden sind. Von ihnen zeugen die ›Talayots‹ – denen auf Mallorca ähnlich, jedoch besser erhalten – und die nur auf Menorca vorkommenden ›Taulas‹ – große T-förmige Steinbauten –, deren Wesen und Bestimmung sich uns immer noch nicht erschlossen haben.

Die frühe und mittelalterliche Geschichte Menorcas hat ziemlich den gleichen Verlauf genommen wie die Mallorcas. Verbürgte Nachrichten über Menorca sind erst aus der Zeit der Phönizier auf uns gekommen. Damals war sie die bekannteste Insel im Westen des großen Mittelmeers, das von den Handelsschiffen der Phönizier befahren wurde. Ihre Berühmtheit verdankte sie dem großartigen Naturhafen im Osten der Insel, einer rund sechs Kilometer langen, geschützten Hafenbucht.

Der Name der Hauptstadt Mahòn ist von der früheren Bezeichnung Portus Magonis abgeleitet, die ihrerseits auf den Karthager Mago, den jüngsten Sohn des Hamilkar Barkas, zurückgeführt wird, der 218 v. Chr. seinen Bruder Hannibal auf dem Zug von Spanien nach Italien begleitet und das alte Mago gegründet haben soll. Nachdem sein anderer Bruder Hasdrubal in Spanien von Scipio besiegt worden war, flüchtete Mago mit den Resten der karthagischen Truppen in den sicheren, großen Hafen von Menorca.

Während ihrer ersten Besetzung hatten die Karthager bereits zwei andere Städte gegründet, eine im Westen, die damals Jamno genannt wurde und heute Ciudadela heißt, und eine im Innern. Als die Römer die Insel einnahmen, machten sie Ciudadela zur Hauptstadt – sie blieb es bis 1722 –, benutzten daneben aber auch den Hafen von Mahòn.

In der Endzeit der arabischen Besetzung – die Mauren hatten 798 schon von den Balearen Besitz ergriffen – war Menorca ganz in den Händen einer einzigen angesehenen arabischen Familie, deren Herrschaft sich vom Vater auf den Sohn vererbte. Nachdem Jaime I., König von Aragon, die Balearen den

Sarazenen entrissen hatte, achtete er die Rechte dieser langeingesessenen Familie auf Menorca. Er ließ sie einen feierlichen Treueschwur leisten und erlaubte ihnen, ihre Besitzesrechte beizubehalten – allerdings gegen Entgelt eines jährlichen Tributs.

Zusammen mit der Insel Mallorca, dem Roussillon und der Grafschaft Montpellier wurde Menorca 1276 dem neu gebildeten Königreich Mallorca eingegliedert und kam nach dessen Ende 1349 bis zum Utrechter Frieden 1713 zunächst in aragonesischen und nach 1492 in spanischen Besitz. Im Utrechter Frieden erhielten die Briten nicht nur den Felsen von Gibraltar, sondern auch Menorca, das ihnen vor allem wegen seines als Zuflucht tauglichen Hafens Mahòn wichtig war. Während all dieser Wechselfälle blieb Ciudadela die Hauptstadt der Insel unter der Herrschaft der Aragonesen, der Spanier, der Habsburger und der Briten. Das große Festungswerk rings um die Stadt war von den Mauren angelegt, wurde aber von allen nachfolgenden Herrschern verstärkt.

1757 gelang es den Franzosen, Menorca zu erobern, das zum Zankapfel zwischen England und Frankreich geworden war. Anläßlich eines von den Franzosen veranstalteten Festessens in Mahòn soll zum ersten Mal die ›salsa mahonesa‹ – heute als Mayonnaise bekannt – serviert worden sein. Acht Jahre später wurde Menorca wieder englisch. 1802 kam die Insel, nach abermaliger kurzer französischer Herrschaft, im Frieden von Amiens, endgültig wieder zu Spanien.

Die Briten hinterließen verschiedene Spuren ihrer Herrschaft: sie lehrten die Bewohner Sauberkeit und die Kunst, ihre Straßen besser zu unterhalten. Außerdem gefielen die englischen Schiebefenster den Menorquinern so gut, daß sie sie beim eigenen Häuserbau übernahmen. Vor allem führten die Briten die Herstellung des Wacholderbranntweins, des Gins, ein, die noch heute ein blühendes Geschäft ist.

Während der jahrhundertelangen, wechselreichen Besetzung schöpfte Menorca seinen Reichtum in erster Linie aus dem großen Naturhafen Mahòn. Welches Ansehen dieser Stützpunkt im Mittelmeerhandel besaß, tut ein Spruch kund, der dem Andrea Doria zugeschrieben wird, dem berühmten Admiral Genuas:

Juli, August und Mahòn, auf Ehr,
Sind die besten Häfen im Mittelmeer.

In der Stadt *Mahòn* zeugen viele Gebäude von ihrer bedeutenden Vergangenheit; im allgemeinen bietet sie einen mehr klassizistischen Anblick, den vor allem die drei Hauptkirchen unterstreichen. Die Kathedrale Santa Maria, die an der Plaza Generalisimo Franco liegt, wurde unter König Alfons III. Aragon erbaut, der die Insel 1287 von den eingesessenen arabischen Edelleuten übernahm, denen König Jaime I. den Treueschwur abgenommen hatte. 1772 jedoch wurde Santa Maria völlig umgebaut, blieb aber als Ganzes unvollendet. Sie besitzt eine berühmte Orgel mit fünfzig Registern und über dreitausend Stimmen und ist eine Schöpfung des Schweizer Orgelbauers Hans Kyburz aus dem Jahre 1810. Die andere Hauptkirche, San Francisco, die an der Kreuzung der Calle del Sol mit der Calle Isabel II. steht, beherrscht mit ihrem hohen Turm das Bild von Stadt und Hafen; sie stammt gleichfalls aus dem 18. Jahrhundert, wie auch die dritte der bedeutenden Kirchen von Mahòn, Nuestra Senora del Carmen, die am Marktplatz liegt. Es gibt in der Stadt noch mehrere kleine Kirchen, die alle in kunsthistorischer Beziehung interessant sind. Ungewöhnlich für eine Insel im westlichen Mittelmeer ist

IV JO VON KALCKREUTH
Balearen-Landschaft

Gemälde
Im Besitz des Künstlers

das orthodoxe Kirchlein, das der russische Admiral Spiridow zum Gedenken an seinen Sohn erbaut hat und das in der Calle Cos de Gracia steht. Zu den interessantesten Gebäuden in Mahòn gehört die ›Casa de la Cultura‹, ein Palast aus dem 18. Jahrhundert. Er enthält eine Bibliothek mit vielen wertvollen alten Bänden, die historischen Archive von Mahòn und Menorca und eine reichhaltige Gemäldegalerie. Im gleichen Hause befinden sich – vorbildlich dargeboten – die großartigen prähistorischen Sammlungen, Funde aus den Talayots und Navetas, die sich jeder Besucher der Insel eingehend ansehen sollte.

An der Plaza Esplanada steht das ›Ateneo‹, das sich mit seinen reichen naturgeschichtlichen und folkloristischen Sammlungen der Kultur und dem Leben Menorcas widmet.

Neben der Kirche Santa Maria erhebt sich das prächtige Rathaus, das 1631 errichtet, aber hundert Jahre später unter dem ersten britischen Gouverneur der Insel – Sir Richard Kane – umgebaut wurde; dieser Umstand erklärt, warum es eine englische Turmuhr besitzt.

Vom Rathaus gelangt man über die Calle San Roque zu einer interessanten gotischen Brücke, der Puente de San Roque; mit ihren Wehrtürmen bildete sie das Stadttor ›En Severa‹ in der westlichen Mauerumgrenzung der alten Stadt. Geht man durch die Straßen dieses Stadtteils, so werden die Augen von den anmutigen spanischen, schmiedeeisernen Balkonen der im Georgian Style (18. Jahrhundert) erbauten Häuser gefangengenommen. Dieses Stilgemisch gibt einigen Straßen von Mahòn ihren besonderen Reiz.

Eine Hauptstraße durchquert Menorca von Osten nach Westen; sie verbindet Mahòn mit Ciudadela und sendet nach beiden Seiten hin kleinere Nebenstraßen aus. Sie teilt gleichsam die langgestreckte Insel in eine nördliche und südliche Hälfte. Im Norden erstrecken sich sanftgewellte Weizenfelder und Weideland für die Kühe. Die Käseproduktion ist ein wichtiger Wirtschaftsfaktor. Das Gebiet südlich der Hauptstraße ist unfruchtbarer, trockener, felsiger und viel flacher. Nur rings um San Cristòbal, das ungefähr in der Mitte liegt, ähnelt die Landschaft den nördlichen Gebieten.

An der Landstraße liegen nur wenige Ortschaften, denn abgesehen von den beiden Hauptstädten ist Menorca spärlich besiedelt. Von Mahòn kommt man zunächst zu dem Städtchen *Alayor*, das König Jaime II. gegründet hat. Es hat einen schlichten, reizvollen Zauber. Zwei der Kirchen, Santa Eulalia und San Diego, sind von architektonischem Interesse. Der Kreuzgang von San Diego erinnert an den amerikanischen Kolonialstil. Alayor ist das Zentrum der Schuhindustrie; hier werden die Schuhe noch von Hand gearbeitet.

Es folgt die Ortschaft *Mercadal*, ein in jeder Beziehung einfaches Dorf. Auch hier werden Schuhe hergestellt, im besonderen Sandalen mit dicker Gummisohle, die bei den jüngeren Touristen sehr gefragt sind. Von Mercadal zweigt eine Straße zu dem Badeort *Fornells* im Norden ab.

In der Nähe von Mercadal erhebt sich der höchste Berg der Insel, der 357 Meter hohe *Monte Toro*. Auf seiner Spitze steht ein Kloster, das einiges Sehenswertes enthält, so ein Marienbild, die ›Virgen de Monte Toro‹, die die Schutzheilige der Insel ist. Die Kirche wurde im 17. Jahrhundert im Renaissancestil erbaut und kürzlich erneuert. Die Mönche freuen sich, wenn Besucher kommen und halten für sie eine kleine Erfrischung bereit. Von diesem Berg aus kann man nicht nur die ganze Insel überblicken, sondern an klaren Tagen auch die Küstenlinie von Mallorca sehen.

Die letzte Ortschaft vor Ciudadela ist *Ferrerías*, das Zentrum der fruchtbarsten Gebiete der Insel. Von hier aus kann man den *Barranco 'Algendar*, eine prachtvolle, vegetationsreiche Schlucht, besuchen.

Ciudadela, die ehemalige Hauptstadt von Menorca, ist als Bischofssitz immer noch sein religiöser Mittelpunkt, und seine Atmosphäre atmet die alte Kultur der Einwohner. Im Gegensatz zu Mahòn macht Ciudadela den Eindruck einer spanischen Stadt mit einigen maurischen Zügen; man spürt maurische, gotische und französische Einflüsse.

Die Kathedrale ist das schönste Gebäude ihrer Art auf der Insel. Sie liegt an der Plaza Pio XII, zeigt in ihrem Sterngewölbe den gotischen Stil des 14. Jahrhunderts, besitzt aber eine klassizistische Fassade. Der gotische Altaraufsatz und die gotischen Bänke der Apsis sind bemerkenswert. Das Portal, die Puerta de la Luz, ist mit Steinfiguren legendärer Tiere geschmückt.

Gegenüber steht der Palast Olivar, der eine prachtvolle Kuppelhalle und schön proportionierte Räume hat, die alte Stiche enthalten sowie eine Ahnengalerie der Familie Olivar, von Meisterhänden geschaffen. Hier hängen auch die Porträts verschiedener britischer Generäle, Herrscher und Staatsmänner. Ferner gibt es in diesem Palast alte arabische Amphoren, Fächer- und Münzsammlungen, steinzeitliche Gebrauchsgegenstände, Privatarchive, eine Bibliothek und interessante Fresken.

In der Calle San Sebastian liegt der Palast des Marqués de Menas Albas. Die Stuckfassade ist in Gold und Rosa gehalten und mit vier Karyatiden und einem schmiedeeisernen Balkon geschmückt. Von der Eingangshalle steigt eine Treppe mit zierlichem schmiedeeisernem Geländer auf. Die Prunkräume enthalten wertvolle Chippendale- und Queen-Anne-Möbel. In einem Zimmer steht ein geschnitztes Holzbett mit Miniaturmalereien, die Horace Vernet, der Hofmaler Napoleons, geschaffen hat. Ursprünglich hatte Napoleon das Bett als Geschenk für den Bei von Tunis bestimmt.

Ein weiterer bemerkenswerter Palast ist der des Conde de Torre Saura an der Plaza del Borne. Die Fassade weist einen interessanten Fries auf, und der Eingang ist prächtig. Im Innern fällt die schön geschwungene Treppe auf, und auch hier enthalten viele Räume sehr elegante Möbel, sehenswerte Gemälde sowie römische und arabische Amphoren.

Gegenüber dem Palast Saura ist der des Duque de Almenara Alta. Auch in den Nebenstraßen findet man eindrucksvolle alte Adelspaläste, die Casa Sintas, die Casa Vivò und den Palast des Baròn de Lluriach. Die meisten stammen aus dem 18. Jahrhundert. Damals siedelten sich viele spanische Adelsfamilien aus politischen Gründen auf Menorca an.

Das Rathaus steht gegenüber dem Palast Saura an der Plaza Generalisimo Franco. Früher war es der Palast der maurischen Herrscher. Das heutige Aussehen ist das Ergebnis einer Restaurierungsarbeit, die am Ende des vorigen Jahrhunderts begonnen wurde. Der Empfangssaal, der Salon Gotica, hat eine schön getäfelte Decke und schmiedeeiserne Lampen. Das Gebäude enthält auch das Städtische Museum und die Archive.

Ein weiteres sehenswertes Gebäude ist das Priesterseminar, ein ehemaliges Augustinerkloster, an der Calle Obispo Vila. Es hat breite Kreuzgänge mit an mutigem Gewölbe und massiven Säulen. Die eindrucksvolle Bibliothek zählt rund vierzehntausend Bände.

Die ganze Atmosphäre von Ciudadela, aus der die Kultur vieler Jahrhunderte spricht, kommt zu voller Wirkung während des großen Festes, das hier am 24. Juni abgehalten wird, dem Namenstag Johannes des Täufers. Ritter in alten Rüstungen halten ein Turnier im Stile früherer Jahrhunderte ab, und ein Umzug findet statt, an dem sich das ganze Volk beteiligt.

Die moderne Entwicklung vollzieht sich an den Ferienorten der Insel, die größtenteils von Mahòn oder von Ciudadela leicht zu erreichen sind. Die Buchten an der Nord- und Südküste wie *Cala Fornells* und *Cala de Santa Goldana* werden den Badefreudigen durch neue Straßen oder Motorboote immer leichter zugänglich. Obwohl diese Entwicklung unaufhaltsam vor sich geht, ist Menorca längst nicht so überlaufen wie Mallorca und Ibiza. Es ist immer noch eine stille Insel.

Auf Menorca wie auf Mallorca gab es einst Tausende von megalithischen, zum Teil turmartigen Bauwerken, ›Talayots‹, ›Taulas‹ und ›Navetas‹ genannt, die aus dem Bronzezeitalter zwischen 2000 und 1200 v. Chr. stammen und heute nur zum geringen Teil noch sichtbar vorhanden sind. Die menorquinischen Talayots sind besser erhalten und darum größer als die von Mallorca; die Taulas, die sich nur auf Menorca finden, bestehen aus zwei mächtigen, längsrechteckigen Steinplatten; die eine steht senkrecht auf dem Boden, die zweite liegt waagerecht und vollkommen eingefugt über ihr, so daß sich ein T-förmiges altarähnliches Bauwerk von sechs bis zehn Meter Höhe ergibt. Eine Taula steht nie allein; sie wird von einem Kranz von menhir-artigen großen und unbehauenen Steinen umgeben und grenzt an einen nahestehenden Talayot. Das Geheimnis dieser balearischen Steinwerke ist noch nicht gelöst; sie finden sich sonst nur und in noch größerer Form auf Sardinien, wo man sie ›Nuraghe‹ nennt. Sie gehören, aus einer nicht mehr faßbaren, frühen barbarischen Zeit stammend, zu den großartigsten Bauten der Menschheit, den Pyramiden und dorischen Tempeln ebenbürtig und führen dennoch in nächster Nähe von Tausenden von Touristen ein völlig unbeachtetes Dasein.

Die besterhaltenen Bauwerke aus der menorquinischen Bronzezeit befinden sich an den folgenden Stellen:

In der Nähe von Mahòn:

1. Auf dem Wege von Mahòn nach San Clemente: *Talati de Dalt;* südöstlich von Mahòn: *Trepucò* und *Turo.*

2. In *Binicalaf Vey* an der Küste südlich von Mahòn bei der Bucht, die Cala Coves heißt.

3. Die größte bronzezeitliche Siedlung der Balearen ist *Torre d'en Gaumès* südlich von Alayor.

In der Nähe von Ciudadela:

1. Nördlich von Ciudadela steht das prähistorische Baudenkmal *Torre Nova.*

2. Sechs Kilometer entfernt zweigt von der Straße nach Mahòn rechts ein Weg ab, der zur *Torrellafuda,* zur *Torretrencada* und zur *Naveta d'es Tudons* führt. In der Naveta, einem mächtigen Bauwerk, sind zwei Grabräume.

Kein Besucher Menorcas sollte sich diese Sehenswürdigkeiten entgehen lassen. Diese Bauwerke längst verklungener Zeiten bilden einen merkwürdigen Gegensatz zur Moderne.

Sehenswert sind auch die Ruinen einer byzantinischen Basilika in der Nähe des Strandes *Son Bou* in der Mitte der Südküste, ungefähr vierundzwanzig Kilometer von Mahòn entfernt. Wahrscheinlich wurde sie um 554 n. Chr. erbaut; möglicherweise wurde der Anstoß dazu durch das Eintreffen der Reliquie des heiligen Stephan im Jahr 417 im Hafen von Mahòn gegeben. Die Überreste dieser heute nur noch in ihren Grundmauern vorhandenen Kirche zeugen von ihrer einstigen, in so einsamer Lage ungewöhnlichen Größe.

Alle jene, die Fisch und ›Meeresfrüchte‹ zu schätzen wissen, können sich auf Menorca kulinarischer Genüsse erfreuen. Das beste Essen erhält man in ganz einfachen Lokalen. Kostspielig ist einzig und allein Hummer. Der menorquinische Käse gilt als der vorzüglichste in ganz Spanien. Er wird in flachen, rechteckigen Laiben hergestellt, mit Stroh umwickelt und zum Altern aufgehängt, schmeckt würzig und trocken und ist weiß, wenn er jung ist. Nach einigen Monaten wird er härter und gelblich und schmeckt dann ähnlich wie Parmesan.

Was die Geschäfte auf Menorca heute zu bieten haben, unterscheidet sich nicht von den übrigen Touristengebieten Spaniens; immerhin gibt es zwei einheimische Erzeugnisse, die hervorstechen. An erster Stelle stehen Schuhe; man kann sie fertig kaufen oder sich nach Maß bestellen. Das zweite einheimische Handwerk ist die Herstellung von Schmuck. Vieles gelangt neuerdings aus der Fabrik in die Geschäfte, aber man findet daneben immer noch handgefertigte Stücke im Toledostil.

Wie alles auf dieser Insel, geht auch das Einkaufen in aller Ruhe und Gemächlichkeit vor sich. Menorca ist eine besondere Zufluchtsstätte für jene, die Stille suchen und sich Zeit lassen wollen. Eine solche Atmosphäre ist auch auf den Mittelmeer-Inseln selten geworden.

IBIZA

Die Insel Ibiza hat die Form eines Parallelogramms, dessen längster Durchmesser, von Punta Grosa im Nordosten bis zum Landvorsprung Llentrisca im Südosten, einundvierzig Kilometer beträgt, und das an der schmalsten Stelle, von der Haupt- und Hafenstadt Ibiza bis zum Dorf San Antonio Abad, nur sechzehn Kilometer breit ist. Aber diese Insel erweist sich in jeder Hinsicht viel bedeutender, als ihr kleiner Umfang es vermuten läßt. Sie ist vielfältig durch reiche geologische Formationen und, im Gegensatz zu Mallorca, auf eine sanfte Weise schön. Ihre geschwungenen Hügel, die weite, fruchtbare Täler umgeben, sind niedrig, der höchste Berg der Insel, der Atalayasa bei San José, erreicht nur 475 Meter, tausend weniger als der Puig Mayor auf Mallorca. In der Urzeit hing Ibiza sowohl mit Afrika wie mit dem spanischen Festland zusammen, so daß die Menschen vom heutigen Nordafrika aus zur europäischen Landmasse vordringen konnten. Jedoch hat man Zeugnisse – Krüge und Geräte – einer frühen oder ersten menschlichen Besiedlung dieser Insel durch unbekannte Nomaden erst aus jungsteinzeitlicher Zeit in den Höhlen bei Cala San Vicente und bei San Juan Bautista gefunden. Vermutlich war die Insel eine der ersten phönizischen Kolonien im westlichen Mittelmeer. Römischen Berichten zufolge besaßen die Karthager auf Ibiza schon um 720 v. Chr. strategische Stützpunkte. Sehr früh auch wurden hier punische Münzen geprägt, die auf der einen Seite den Namen der Insel – Aivis – trugen und auf der anderen das Abbild eines Gottes. Dies sind die ältesten Münzen, die man im westlichen Mittelmeer gefunden hat. Aus derselben Zeit stammen Siegel der reichen, bedeutenden Inselbewohner; sie bestehen aus rotem Achat und aus Karneol und verraten einen hohen Grad handwerklichen Könnens. Auf ihnen sind Isis und Horus dargestellt, woraus der Einfluß der altägyptischen Kultur zu ersehen ist.

Die Karthager entwickelten auf Ibiza einen bedeutenden Handelszweig, da sie hier ihr berühmtes rotes Färbemittel herstellten, das sie aus Purpurschnecken gewannen. Sie hatten auch eine blühende Keramikindustrie und führten Krüge und Amphoren nach den meisten Mittelmeerhäfen aus. Es heißt, der große Erfolg dieses Handels hätte darauf beruht, daß der Lehm von Ibiza auf Skorpione, giftige Spinnen und Schlangen abstoßend wirke. Tatsache ist, daß es auf Ibiza keine giftigen Tiere gibt, und daß Giftschlangen, die man hier aussetzt, nicht lebensfähig sind.

Im späten homerischen und frühklassischen Zeitalter landeten die Griechen häufig auf Ibiza, um Handel zu treiben und den Phöniziern und Karthagern deren Handelsmonopol streitig zu machen.

Bald nach der Vernichtung Karthagos – 146 v. Chr. – wurden die Balearen dem Römischen Reich eingegliedert; Ibiza aber galt zusammen mit Formentera als Bündnispartner mit eigenen Rechten.

Im großen und ganzen begnügten sich die Römer damit, einen regelmäßigen Tribut an Erzeugnissen, Waren und Geld zu fordern. Infolgedessen bewahrten Gebrauchsgegenstände, Statuen und Zierat den ursprünglichen phönizisch-punischen Stil, und nur die

Handelswaren erlagen dem griechisch-römischen wie später dem byzantinischen Einfluß. Bei den einfachen Dingen des täglichen Lebens ist es bis heute so geblieben, wenigstens im Innern der Insel, wo die Ortschaften vom Fremdenverkehr nicht berührt werden.

Als die Vandalen zur Iberischen Halbinsel vorrückten, kamen viele Flüchtlinge nach Ibiza. Aber 426 n. Chr. wurde auch diese Insel von den Vandalen erobert und von ihnen besetzt, bis sie von Belisar, dem berühmten Feldherrn des Kaisers Justinian I., befreit und dem Byzantinischen Reich einverleibt wurde.

Danach, 707 n. Chr., kamen die Araber. Karl der Große vertrieb sie 798 und schenkte Ibiza der Kirche von Gerona. Doch schon 832 kehrten die Araber zurück. 859 wurde Ibiza für kurze Zeit von den Normannen erobert, aber 901 n. Chr. waren die Mauren wieder da und blieben mehrere Jahrhunderte.

Im Gegensatz zu Mallorca und Menorca geriet Ibiza nicht direkt unter die Herrschaft von Jaime I. Erst 1235 wurde die Insel von den Christen angegriffen, als Guillermo de Montgri, Erzbischof von Tarragona, den Plan zu ihrer Eroberung faßte und ihn im August dieses Jahres mit der Zustimmung und unter der Oberhoheit von König Jaime I. von Aragon durchführte. Seine Waffengefährten Don Pedro von Portugal und der Marqués de Rosillon landeten an Ibizas Küste, drangen durch Verrat in die Befestigungen der Stadt ein und teilten nach dem Sieg über die Mauren die Insel in vier Teile: je einen für den König, für den Erzbischof und die beiden Eroberer.

In der Haupt- und Hafenstadt *Ibiza* sieht und spürt man noch viel von der Geschichte der Insel. Das alte Archäologische Museum am herrlichen Platz der Kathedrale hoch oben im ummauerten Stadtteil Dalt Vila wie das neue am Puig dels Molins besitzen die bedeutendsten Sammlungen punischer Kunst, die es auf der Welt gibt. Sie bestehen aus kleinen phönizischen Terrakottafiguren, Masken und Büsten der Gottheiten Karthagos, Amuletten, Kameen, Krügen, Urnen, Amphoren und Münzen. Noch heute werden aus dem Meer griechische und römische Amphoren geborgen.

Von der einstigen maurischen Festungsanlage ist nicht viel unversehrt geblieben. Aber das wuchtige Bauwerk der Bastion ›Portal Nou‹ ist teilweise erhalten, ebenso stehen noch einige Teile des Palastes der

33 *Ibiza-Stadt, Mole, Stadtmauer und Kathedrale*

BEBA
FANTA

35 *Patio innerhalb des Puig de Misa in Santa Eulalia del Rio auf Ibiza*

34 *Gasse in Ibiza-Stadt*

36-37 Kirche von San Rafael auf Ibiza

39 *Schäferin auf Menorca*

40
Naveta d'es Tudons auf Menorca
→

maurischen Könige, ›Casa del Rey Moro‹ genannt. Die Kathedrale verkörpert durch ihre Gotik den Sieg des Christentums über die heidnischen Mächte. Sie erhebt sich genau an der Stelle, wo Markus Aurelius 283 v. Chr. einen Marmortempel zu Ehren Merkurs errichtet hatte und später die Araber ihr Gotteshaus erbauten. Der Bischofspalast zeugt von der Üppigkeit der Renaissance. Der Barrio de la Peña, ein Teil des alten Fischerviertels, könnte auch in Afrika liegen.

Wenn man an einem frühen Morgen im Hafen von Ibiza ankommt, fühlt man sich in eine Traumwelt versetzt. Die Stadt scheint im Morgenlicht emporzuwachsen, das sich über die weißen, kubisch anmutenden, wie verschachtelt wirkenden Häuser ergießt und merkwürdige Schlagschatten hervorruft. Alle Häuser tragen seit Jahrhunderten Kalkschichten von blendendem Weiß, und diese Sitte der alljährlichen Übertünchung, die nur von Frauen vorgenommen wird, hat Ibiza den Namen ›Weiße Insel‹ eingetragen.

Gleich beim Hafen liegt das ›Geschäftsviertel‹ mit Cafés und Restaurants, einer Markthalle und bunten Läden aller Art. Aufwärts gehend gelangt man zum ›Portal de las Tablas‹, dem ursprünglich einzigen Stadttor, das 1585 unter der Herrschaft König Philipps II. vollendet worden ist. Gleich dahinter erhebt sich der alte, terrassenförmig aufgebaute Teil der Stadt mit seinen überraschend großzügig angelegten freien Plätzen und einer reizvollen Promenade, dem ›Paseo de sa Carossa‹. Auf dem Wege zum Museum und zur Kathedrale kommt man an der kuppelgekrönten Kirche Santo Domingo vorbei, einem schönen Barockbau, dessen alte Klosteranlagen heute weltlichen Zwecken dienen. Danach gelangt man zur Plaza de España, wo das Rathaus steht. Am äußersten Ende dieses Platzes bietet sich ein herrlicher Ausblick auf die Stadt und das Meer.

Drei Straßen führen nun in weitem Bogen zum höchsten Punkt der Altstadt, zur Plaza Catedral, wo die ehemalige Zitadelle, heute eine Kaserne, die Kathedrale, der Bischofspalast mit seinem gotischen Portal und das ältere Archäologische Museum sehenswert sind. Gegen Mitte des 18. Jahrhunderts wurde die im 13. und 14. Jahrhundert errichtete Kathedrale so gründlich restauriert, daß vom ursprünglichen Bau außer dem hohen Glockenturm, der Tür zur Sakristei und einigen anderen architektonischen Einzelheiten nichts mehr übrigblieb. Das Innere birgt schöne Gräber aus dem Mittelalter und der Renaissance, einen Marienaltar der Renaissance, gotische Glasfenster und eine interessante, aus Silber und Email gearbeitete Monstranz aus dem 14. Jahrhundert.

In der pittoresken Unterstadt ist die sogenannte ›Sa Peña‹, das uralte Viertel der Fischer mit typischer Ibizenker Architektur, von besonderem Zauber.

Im Westen der Stadt liegt in einer Karstlandschaft der ›Puig dels Molins‹, die Nekropole der Punier, deren Gräber teilweise freigelegt sind. Hier wurden die meisten Ausgrabungen gemacht, und hier befindet sich auch das neue Archäologische Museum. Mehr als zweitausend Gräber wurden bisher hier gefunden und geöffnet. Sie waren meistenteils mehrfach benutzt, und die Fundgegenstände sagen aus, daß die Toten hier von der Zeit der Phönizier bis zur römischen Besetzung zur letzten Ruhe gebettet wurden.

Nur wenige Ferienreisende nehmen sich die Muße, auf Ibiza den Spuren der Vergangenheit nachzugehen; der große Fremdenstrom, der seit einigen Jahren hierher kommt und manchen Wandel bewirkt hat, ergießt sich in die Badeorte. Einige Buchten liegen zwar noch unerschlossen und still, doch die Entwicklung greift so rasch um sich, daß die einsamen Plätze immer seltener werden.

Der am stärksten besuchte Ort, *San Antonio Abad* im Westen, ist von Ibiza aus auf zwei Routen erreichbar. Der längere, aber landschaftlich schönere Weg beschreibt südwärts einen Bogen. Das erste Dorf nahe an dieser Strecke ist *San Jorge*, das die eindrucksvollste Kirche Ibizas aufweist, denn noch mehr als die andern Dorfkirchen gleicht sie einer Festung. Sie wurde im 15. Jahrhundert errichtet, später aber beträchtlich verändert. Die Wände ihres Schiffs sind zum Teil mit den berühmten Ibizenker Kacheln ausgekleidet, die noch vor zwanzig Jahren von Hand hergestellt wurden.

Von San Jorge aus kann man über *San Francisco de Paula* einen Abstecher zu den Salinen machen, die zu den größten in Europa gehören und seit den Zeiten der Karthager betrieben werden. Hier holten sich schon die Wikinger ihr Salz. In der Nähe liegt der Flughafen, der sich in wenigen Jahren von einer staubaufwirbelnden kurzen Erdpiste zu einem Landeplatz für Düsenflugzeuge entwickelt hat.

Die Straße von San Jorge nach San Antonio Abad führt über die Dörfer *San José*, wo ein geschäftstüchtiger Amerikaner ein riesiges schneeweißes Etablissement erbaut hat, einen ›Festival Club‹, der den Fremden im Sommer bunte Unterhaltung bietet, und weiter über *San Augustín*, von wo auf holprigen Wegen herrliche Sandbuchten zu erreichen sind.

San Antonio Abad, noch vor einem Vierteljahrhundert ein stilles Fischerdorf, das ebenso wie die Hauptstadt keinen elektrischen Strom kannte, rühmt sich heute großer Hotelkästen und seiner hundert Bars. Der natürliche Hafen, von den Römern treffend Portus Magnus genannt, ist ungefähr acht Kilometer lang und kann zu den schönsten Buchten gezählt werden.

Einen seltsamen Gegensatz zur ›europäischen‹ Modernisierung des Ortes bildet die Kirche, die aus dem 14. Jahrhundert stammt.

Ebenfalls nur von der Hauptstadt Ibiza aus ist *Santa Eulalia del Río* zu erreichen, das San Antonio Abad an der Ostküste gegenüberliegt und eine ähnliche Wandlung erfahren hat. Das Flußtal von Santa Eulalia ist die grünste und fruchtbarste Gegend der teilweise recht kargen Insel. Dieser Fluß ist der einzige auf den Balearen, der fast nie austrocknet. Hier ist der große Badestrand etwas entfernt vom Ort, aber dafür kann man auch im Süßwasser baden, da sich ein Wasserfall zu einem kleinen Teich vertieft. Santa Eulalia war der erste Ort, den die Fremden, als Ibiza vor einem halben Jahrhundert ›wiederentdeckt‹ wurde, aufsuchten; vor allem waren es Maler, die hierher kamen. Um die Kirche auf dem Puig de Missa, dem oberen Teil des Dorfes, deren Vorhalle die schönsten Bögen von Ibiza aufweist, scharen sich arabisch anmutende Häuser; von diesem Punkt hat man eine wunderbare Aussicht auf die Landschaft.

Alle Dörfer Ibizas sind – außer der Hauptstadt – nach Heiligen benannt, und überall wird am Namenstag des Schutzpatrons ein Volksfest gefeiert. Vor allem das Innere der Insel gehört zu den seltenen Gebieten Europas, wo die alten Sitten und Bräuche bewahrt geblieben sind. Die Sommergäste aber zieht es unweigerlich zu den Buchten, die größtenteils durch Fahrten mit den täglich verkehrenden Motorbooten zu erreichen sind: im Norden *Puerto de San Miguel*, *Cala de Charraca* und *Cala Portinatx*, wo Pinien Schatten bieten; im Osten die *Cala Tarrida* mit riesigem Sandstrand, jedoch ohne Schatten, *Cala Grasío* und *Cala Bassa* nahe bei San Antonio; jedes Jahr werden weitere zugänglich gemacht.

Um heute noch Gegenstände des einheimischen Kunsthandwerks zu finden, muß man sich in den Läden der Hauptstadt umtun, denn die Ferienorte weisen vor allem Boutiquen auf. Da gibt es schöne Schalen aus Olivenholz, Silberarbeiten nach phönizischem Muster, Keramik und reizende Stickereien, die größtenteils von den Frauen der Insel Formentera im Winter hergestellt werden. Die Batikmode, die neuerdings überall einen Aufschwung erlebt, verdankt ihre Wiederbelebung der Insel Ibiza, wo die Besucher aus aller Herren Länder im Sommer 1969 plötzlich allesamt Batikleibchen trugen. Fast jedes Jahr entsteht auf Ibiza eine neue Mode, die von einem ausländischen Künstler geschaffen wird. Obwohl die ›Weiße Insel‹ ihre weltferne Abgeschiedenheit verloren hat, bleibt sie ein Paradies für den Individualisten, dessen Schopferkraft durch die seltsame Atmosphäre von Uraltem und Neuem beflügelt wird.

Formentera

Formentera, die kleinste der bewohnten Pityusen, ist durch einen fünfzehn Kilometer breiten, klippenreichen Kanal von Ibiza getrennt und hat eine Fläche von 96 Quadratkilometern und die Form eines Hammers. Ihr Name leitet sich vom lateinischen Wort ›frumentaria‹ ab, denn dieses Inselchen war die Kornkammer der Alten, von üppiger Fruchtbarkeit, da ein unterirdischer See für Feuchtigkeit sorgte. Dieser See ist längst versiegt, und was es heute an Wasser hier gibt, das ist nur der in Zisternen gesammelte Regen.

Formentera war in geschichtlicher und kultureller Hinsicht denselben Einflüssen wie Ibiza unterworfen. Bei Ausgrabungen hat man die gleichen Gegenstände gefunden, außerdem aber in einer Höhle bei San Francisco acht Skelette in Hockstellung, die beweisen, daß dieses Gebiet des Mittelmeers schon ums Jahr 3000 v. Chr. bevölkert war.

Auf Formentera gibt es nur vier Ortschaften, das Hauptstädtchen *San Francisco Javier*, den Hafenort *Cala Sabina*, *San Fernando* und *Nuestra Señora del Pilar*, alle an der schräg durch die Insel führenden Straße. Groß ist die Zahl der Sandstrände. Formentera bietet zur Zeit noch wenig Komfort, dafür eine Ruhe, wie sie in Feriengebieten kaum anzutreffen ist, und eine Einfachheit der Lebensweise, die bewirkt hat, daß sich die Hippies das bisher nur von Eigenbrötlern besuchte Eiland zum Sommeraufenthalt auserkoren haben.

Cabrera

Cabrera gehört neben Dragonera und Conejera zu den kleinsten der unbewohnten Baleareninseln und wird vom Tourismus nicht berührt. Die Landschaft ist felsig und hat etwas Wüstenartiges. Für die Wildziegen, die das Eiland bevölkern und das wenige Grün wegfressen, ist es ein Paradies.

Cabrera liegt vierzehn Kilometer südlich von Mallorca und umfaßt nur zwanzig Quadratkilometer. Hier regnet es selten, so daß der karge Boden schon deshalb nicht bestellt werden kann.

Der große Naturhafen liegt völlig windgeschützt, wodurch das Wasser meistens so spiegelglatt wie ein Binnensee ist. Er muß von den Alten als Zufluchtsort benutzt worden sein, denn auf seinem Grund liegen gesunkene Schiffe der Griechen und Römer.

Während des spanischen Unabhängigkeitskrieges 1808-13 gelangte Cabrera zu trauriger Berühmtheit, denn 1809 wurden in seinem Hafen an die achttausend französische Gefangene abgesetzt und mittellos ihrem Schicksal überlassen. Fünf Jahre lang blieben sie vergessen. Inzwischen starben die meisten. Als endlich Schiffe erschienen, um die etwa viertausend Überlebenden abzuholen, verließen sie das Eiland ungern. Sie scharten sich zusammen und sangen ein rührendes Abschiedslied, das sie selbst verfaßt hatten.

Heute fährt ein kleiner Dampfer mehrmals in der Woche von Palma de Mallorca nach Cabrera und bleibt im Hafen ein paar Stunden liegen. So haben die Besucher Gelegenheit, ein Gefühl fast völliger Abgeschiedenheit zu erleben.

Auf Cabrera gibt es keine Unterkunftsmöglichkeit, aber man kann sich hier länger aufhalten, wenn man sich völliger Genügsamkeit verschworen hat.

Rezepte und Speisen

Gewiß hat das Meer rund um die Balearen die Kochtöpfe der Inselbewohner stets reichlich gefüllt, doch auf den größeren Inseln haben die Mallorquiner bis ins 19. Jahrhundert ihren Hunger vor allem mit Wildbret gestillt. Selbst auf der kleinen, dürren Insel Cabrera war zur Frühzeit die Antilope zu Hause und in späteren Jahrhunderten gab es wie auf allen Inseln wilde Ziegen und Schafe.

Die durch Wasservorkommen fruchtbaren Täler der Inseln ließen unter dem Einfluß des milden Klimas Obst und Gemüse in Fülle sprießen, so daß bei immer mehr sich entwickelnder Bodenkultur Pflanzennahrung stets reichlich vorhanden war. Tomaten, Kürbis, Bohnen, Erbsen, ›Berenjenas‹ (Auberginen oder Eierfrüchte), Zwiebeln, Knoblauch, Rosmarin und Oregano – all diese südlichen Zutaten zu einer schmackhaften Mahlzeit waren seit Jahrhunderten beliebt und bekannt. Auch Kraut, viele Kohlarten, Salate und Gewürzkräuter waren dem Koch stets zur Hand: die Ergebnisse seiner Künste waren Gerichte mit dem typischen Geschmack der Mittelmeerländer, doch hat der

Individualismus der Mallorquiner allen balearischen Gerichten immer noch einen besonderen, unverwechselbaren Geschmack aufgeprägt. Natürlicherweise kommt in den Küstengebieten der Fisch am häufigsten auf den Tisch, wenn nicht gekocht oder gebraten, so doch in der beliebten Form der Suppe; diese unterscheidet sich von den anderen Fischsuppen der südlichen Länder nur wenig, wenn nicht durch einen besonderen würzigen Geschmack.

Im Binnenland der Inseln kocht man Jungschweine, Hühner und verschiedenes Fleisch mit Tomaten und Kräutern zusammen, während man Lamm und Ziege mit allem möglichen Grünzeug brät oder dünstet. Für schnell zu bereitende und einfache Mahlzeiten machen die Bauern eine Art Wurst, ›Sobrasada‹ genannt, die so scharf gewürzt wird, daß sie nicht verdirbt; man kann sie essen, so wie sie ist, also kalt, aber auch in die Suppe geschnitten oder über Schmorfleisch, Reis und gedünstete Kartoffeln geschnetzelt.

In Zeitläuften, da Fleisch rar war oder die Fischernetze leer eingeholt wurden, füllten sättigende Suppen aus Kichererbsen, gelben Bohnen und allem möglichen Suppengrün, unterstützt von Knoblauch und Zwiebeln, die dampfenden Schüsseln. Selbst aus altbackenem Brot macht der Einheimische mit Hilfe von Fleischbrühe und Gemüsen eine besondere Suppe – die ›sopa mallorquin‹ –, die durch die ihr innewohnende Kraft besonders zur Winterszeit ihre wärmende Wirkung tut. Ich lasse nun eine kleine Liste folgen, in der ich einige Gerichte der traditionellen mallorquinischen Kochkunst beschreibe; ihre Zubereitung macht keine Schwierigkeiten, um so mehr, als die für sie notwendigen Zutaten überall und billig zu kaufen sind.

Sopa mallorquin

Man nehme Weizenschrotbrot, das einige Tage alt sein sollte und schneide es in dünne Scheiben. Zu gleicher Zeit schmore man kleine Zwiebel- und Tomatenstücke, denen man eine gestoßene Knoblauchzehe hinzufügt, in ausreichender Menge Öl. Dazu gibt man dann eine Tasse Wasser; wenn alles leicht siedet, füge man die Brotscheiben dazu und zwar gerade soviele, daß von ihnen das gesamte Wasser aufgesogen wird. Obenauf lege man noch zarte Kohlblätter, dann gibt man den Deckel auf den Topf und läßt das Ganze auf schwacher Flamme brodeln, bis die Kohlblätter weich sind. Vor dem Servieren schmeckt man mit Pfeffer, Salz, Olivenöl und Zitrone ab.

Potaje

Die Grundlagen dieser dicken und schweren Suppen sind getrocknete gelbe Bohnen, Kichererbsen und Linsen; man kocht sie in Wasser oder Fleischbrühe weich, gibt dann verschiedene Arten von Gemüsen hinzu und läßt alles kochen, bis die Suppe dick wird. Als Würze werden Salz, Pfeffer, Zwiebeln und Knoblauch empfohlen, außerdem noch alles, was man gerade an Kräutern zur Hand hat.

Fischsuppe

Zu ihr kann man alle Arten von Fischfilet, Krabben, Muscheln und Tintenfisch verwenden. Zuerst werden Zwiebeln leicht in Öl gedünstet, bis sie glasig werden, dann gibt man Petersilie, Knoblauch, Thymian und Rosmarin hinzu und läßt weiter dünsten. Gleichzeitig werden die Meerestiere einige Minuten in kochendem Wasser bewegt und halbgar mit dem Gewürzsud vermischt. Zum Schluß gebe man Zitronensaft hinzu und lasse das Ganze dann noch einige Minuten sanft kochen.

Weiße Bohnen

Kleine, getrocknete weiße Bohnen kann man auf jedem Markt kaufen. Man weicht sie über Nacht ein, in kaltem Wasser natürlich. Zum Kochen gebe man sie in einen großen Aluminiumtopf und bedecke sie reichlich mit frischem Wasser, füge Salz hinzu und lasse sie vierzig bis fünfzig Minuten langsam kochen. In einer anderen, gut geölten Pfanne schwenke man einige Zwiebelscheiben so lange, bis sie leicht bräunlich sind, füge in Würfel geschnittene Hartwurst sowie Tomatenscheiben hinzu. Gewürzt wird mit frisch gemahlenem schwarzem Pfeffer und einem Lorbeerblatt. Dann wird dieses Ganze mit den Bohnen zusammen noch eine halbe Stunde lang gekocht. Auf den Balearen wird dieses Bohnengericht – mit einem Spritzer Zitrone – bei kaltem Wetter heiß, bei warmem Wetter kalt gegessen, und zwar als erster Gang anstelle der Suppe.

Berenjenas (Auberginen oder Eierfrüchte)

Obgleich der Hauptbestandteil dieses Gerichtes Berenjenas sind, setzt es sich neben ihnen noch aus vielen anderen Gemüsen zusammen, die alle leicht in Öl gedünstet werden. Dieses auf den Balearen so beliebte Gericht enthält also zusätzlich Zwiebeln, Tomaten, Gewürznelken, Paprikaschoten, Karotten und Knoblauch. Die Berenjenas werden ebenso wie das andere Gemüse in Scheiben oder Stücke geschnitten, dann werden in einem eisernen Tiegel die Zwiebel in wenig Öl leicht gebräunt und die übrigen Gemüsearten – die Tomaten als letzte – hinzugefügt. Die Pfanne wird fest mit einem Deckel verschlossen und bleibt eine halbe Stunde auf kleiner Flamme. Nach dieser Prozedur wird der Deckel entfernt, die Pfanne jedoch bleibt noch zehn Minuten auf dem Feuer. Ob man dieses pikante Gemüsegericht warm oder kalt ißt, immer wird es gut sein, einige Tropfen Zitrone hinzuzufügen.

Berenjenas Rellenas

Man halbiere vier Berenjenas, schabe das Fruchtfleisch heraus und koche die Schalen in leichtsiedendem Wasser knapp weich. Man zerdrücke dann das Fruchtfleisch zu Brei und füge Öl, kleingehackte Zwiebeln, gehackte Petersilie und Knoblauch je nach Geschmack hinzu. Über kleiner Flamme gebe man zwei Löffel Mehl, in einem Glas Milch angerührt, hinein, rühre um, nehme es dann vom Feuer und lasse es kalt werden. In den erkalteten Brei gibt man zwei geschlagene Eier, Salz und Pfeffer und füllt mit dieser Masse die Schalen der Berenjenas; über die Füllung streue man Toastkrümel und geriebenen Käse und lege sie in eine gut geölte Kasserole; das Ganze lasse man im Rohr bei mittlerer Hitze solange backen bis die Oberseite braun ist.

Tomaten-Meringen

Eine oben abgeschnittene Tomate wird ausgehöhlt und mit einem Gemisch von zerkleinertem gekochtem Fisch, Eidotter, Petersilie, Dill, Salz und Pfeffer gefüllt. Auf die Tomaten gibt man geschlagenes Eiweiß und geriebenen Käse und backe das Ganze eine halbe Stunde im Rohr. Statt Tomaten kann man auch Paprikaschoten nehmen.

Albondigas de Pescado

Zunächst werden Fischfilets leicht in Öl gebraten und dann in der Pfanne mit einer Gabel zerstoßen. Dieser Fischmasse füge man Petersilie, zerquetschte Kartoffeln, Eier und Knoblauch hinzu, forme Klöße aus ihr, wälze sie in Mehl und backe sie in siedendem Öl.

Liebre del Campo

Man zerlege ein wildes Kaninchen oder einen Hasen in kleine Stücke, nehme Knoblauch, Petersilie, geschälte Mandeln, eßbare Piniennüsse, Salz, Mehl und eine Tasse trockenen Weißweines. Knoblauch und Salz werden mit Öl in einer tiefen Pfanne zerstoßen, die in Mehl gewälzten Fleischstücke werden hinzugefügt und auf leichtem Feuer angebraten. Wenn sie braun geworden sind, gebe man Petersilie, Piniennüsse, Mandeln, Wasser und den Wein dazu und lasse das Ganze eine Stunde und auch wohl mehr dünsten.

Ternera del Pais

Man nehme einen Topf mit dickem Boden, gebe zwei Gläser trockenen Weißweines und einen Spritzer Essig hinein, füge Kalbfleisch in kleinen Stücken hinzu, außerdem Knoblauch, Petersilie, Kartoffel und Karottenwürfel. Man bringe das Ganze zum Kochen, doch nach dem Aufkochen stelle man das Feuer kleiner und lasse das Ganze zwei Stunden lang leicht ziehen. Kurz vor Schluß gebe man noch sechs Artischockenherzen hinein und lasse noch einige Zeit aufwallen.

Bollit

Dieses Gericht wird von den Einheimischen gewöhnlich zu Weihnachten bereitet, wobei es Sitte ist, daß aus einer großen Majolikaschüssel auf kleinere derselben Art aufgetan wird. Aus kleingehacktem Schweinefleisch, Kalb- und Lammfleisch mache man einen großen Kloß, den man mit eßbaren Piniennußkernen, Rosinen, Zimt, Kuchenkrümeln, Gewürznelken, Pfefferkörnern und – zum Binden des Ganzen – mit Eidottern vermischt hat. Diese Mischung stopfe man in die Haut eines Lamm-Magens, verschließe ihn und koche das Ganze eine gute halbe Stunde lang. Daneben koche man zarte Kohlblätter, weiße und braune Bohnen, Kichererbsen, weiße Rüben, Sellerie, kleine Zwiebeln und Kartoffeln auf langsamem Feuer und gebe zum Schluß aromatische Kräuter wie Rosmarin, Thymian und Oregano hinzu. Wenn alles gar ist, nehme man das Fleisch aus der Hülle, lege es in die Mitte der Schüssel und breite die Gemüse ringsherum aus.

Paella

Die Paella ist kein Eigengewächs der Balearen, sondern von den valencianischen Frauen und Arbeitern eingeführt worden. Sie ist in der Küche der Inselbewohner als spanisches Nationalgericht ebenso heimisch geworden wie in den Gaststätten.

Die Bezeichnung dieses Reisgerichts ist dieselbe wie die der großen flachen Pfanne mit zwei Griffen, in der es zubereitet und hübsch angerichtet aufgetragen wird.

Paella gibt es in vielerlei Arten, und je nach Landstrich wird sie abgewandelt. So fügen die Mallorquiner von Anfang Februar bis zu Beginn des Sommers den Spargel hinzu, der auf der Insel wild wächst. Trotzdem wird sie auf der Speisekarte fast überall als Paella nach Valencianer Art – Paella Valenciana – aufgeführt. Hier nun ein Rezept für vier hungrige Personen:

Zutaten

400 g Reis
1 Tasse Olivenöl
6 Stücke mageres Schweinefleisch
6 Stücke Hühnerfleisch (Brust und Schenkel)
6 Garnelen
24 Muscheln
200 g Galamares (Tintenfische), in feine Ringe geschnitten

1 große rote Pfefferschote
50 g ungesalzener durchwachsener Speck
200 g reife Tomaten
1 große Zwiebel
4 Knoblauchzehen
Petersilie, Safran
junge grüne Erbsen oder grüne Bohnen

Zubereitung
Am einfachsten ist es, alle Zutaten so vorzubereiten, daß man sie nur noch in die Pfanne zu geben braucht. Zwiebel und Knoblauch werden gehackt, Speck und Tomaten in Würfel, die Pfefferschote in Scheiben geschnitten, die Petersilie ebenfalls gehackt. Als erstes erhitzt man dann das Öl in der Pfanne. Die hinzugefügten Speckwürfel werden angebraten. Schnell die Fleischstücke hinzufügen und auf allen Seiten anbräunen. Wenn sie goldbraun sind, werden sie herausgenommen und auf die Seite gelegt. Als nächstes werden Zwiebel und Knoblauch in der Pfanne geschmort, aber nicht gebräunt. Nun fügt man die Galamares, Schotenstreifen und Tomatenwürfel hinzu und tut auch die Fleischstücke wieder in die Pfanne. Garnelen und Muscheln kann man ebenfalls dazutun oder getrennt auf kleiner Flamme ziehen lassen. Zuletzt kommen Reis und grünes Gemüse dazu. Wenn der Reis das Öl aufgenommen hat, gießt man einen Liter Wasser darüber. Mit Salz, Pfeffer und Safran würzen und auf kleiner Flamme dünsten, bis der Reis gar ist; dabei muß häufig umgerührt werden. Die Garnelen und die Muscheln (in halber Schale) werden zuoberst in einem hübschen Muster angeordnet. Mit Petersilie bestreuen. In der Pfanne auftragen; als Beigabe erhält jede Person frischgeschnittene Zitronenviertel.

Register

Autor und Verlag danken allen an der Entstehung und Ausstattung dieses Buches Beteiligten.
Die Schwarzweiß-Aufnahmen 1–32 stammen von Andreas Ramer, München, 33, 35–39 von Ilse Mayer-Gehrken, Davos, 34 und 40 von Jo von Kalckreuth, München.
Die Farbaufnahmen von den Gemälden von Jo von Kalckreuth fertigte Robert Braunmüller, München, und die Karte zeichnete Alfred Beron, München.

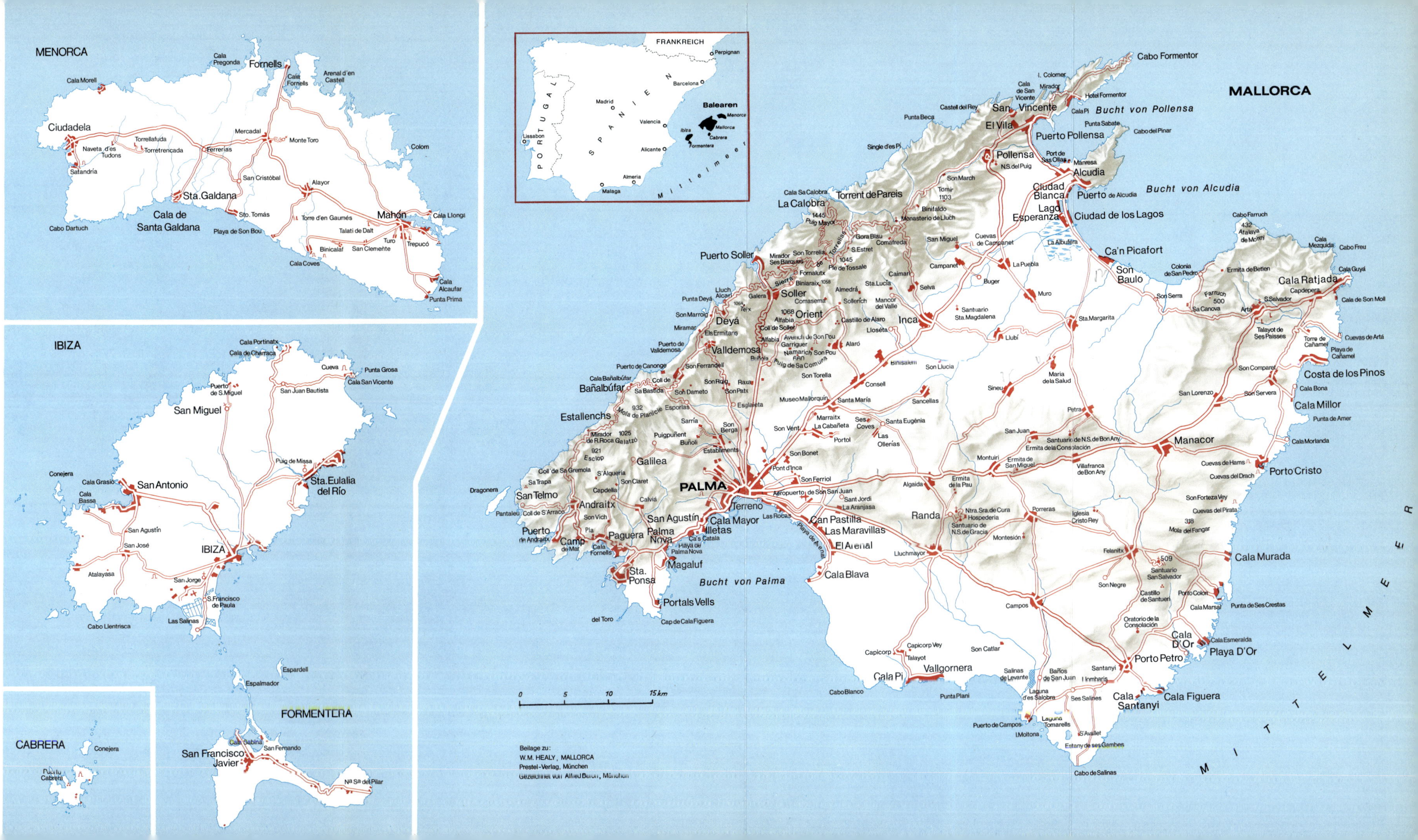
MENORCA
Fornells
Ciudadela
Mercadal
Ferrerias
Monte Toro
Sta.Galdana
Cala de Santa Galdana
Alayor
Mahón
Colom
San Cristóbal
Cabo Dartuch
IBIZA
San Miguel
San Antonio
Sta.Eulalia del Río
IBIZA
San José
San Agustín
San Juan Bautista
Las Salinas
FORMENTERA
San Francisco Javier
San Fernando
CABRERA
Conejera
FRANKREICH
PORTUGAL
SPANIEN
Balearen
Madrid
Barcelona
Valencia
Alicante
Almeria
Malaga
Lissabon
Mittelmeer
MALLORCA
Cabo Formentor
Bucht von Pollensa
Puerto Pollensa
Pollensa
Alcudia
Bucht von Alcudia
Ciudad de los Lagos
Ca'n Picafort
Cala Ratjada
Costa de los Pinos
Cala Millor
Manacor
Porto Cristo
Cala Murada
Porto Petro
Playa D'Or
Cala Figuera
Cala Santanyi
Santanyi
Campos
Vallgornera
Cala Pi
Randa
Llucmayor
El Arenal
Las Maravillas
Can Pastilla
Cala Blava
Bucht von Palma
PALMA
Terreno
Cala Mayor
Illetas
Palma Nova
Magaluf
Portals Vells
Sta. Ponsa
Paguera
San Agustín
Andraitx
San Telmo
Puerto de Andraitx
Dragonera
Galilea
Estallenchs
Bañalbúfar
Valldemosa
Deyá
Soller
Puerto Soller
Orient
Torrent de Pareis
La Calobra
Inca
Santa María
Sineu
Petra
Felanitx
MITTELMEER
0 5 10 15 km
Beilage zu:
W.M. HEALY, MALLORCA
Prestel-Verlag, München
Gezeichnet von Alfred Baron, München